KB069962

어떻게 살아야 하는가

어떻게 살아야 하는가

더 나은 내일을 꿈꾸는 당신이 반드시 물어야 할 삶의 의미

이나모리 가즈오 | 김윤경 옮김

다산북

같은 능력을 가지고 같은 노력을 해도
어떤 사람은 성공하는가 하면
어떤 사람은 실패하고 만다.

이 차이는 어디에서 오는가?

사람들은 곧잘 그 원인을 운으로 돌리곤 하지만

나는 그렇게 생각하지 않는다.

'바라고 원하는 바가

얼마나 크고 높으며 깊고 뜨거운가?'

바로 이것이 성공과 실패를 가르는
단 하나의 요인이다.

60년 전 아무것도 가진 것 없이

회사를 세웠던 나 역시

뭇사람들과 같은 고민에 휩싸였다.

'왜 나라는 인간은 이리도 운이 없을까.
아마 복권을 사도 내 앞뒤 번호는 모두 당첨되고
나만 빗나가겠지.'

'아무리 노력해도 이렇게 죄다
헛수고가 되어버린다면
차라리 다 포기하는 게 낫지 않을까?'

때때로 신의 멱살을 부여잡고
열심히 살아온 대가가 이런 것이냐고
묻고 싶을 때가 있었다.

하지만 내가 물어야 할 대상은
신이 아니라 내 마음이었다.

'넘쳐흐를 듯한 뜨거운 열의로 진지하게 임했는가?'

'간절히 원하고 또 원하였는가?'

불교에는 사념思念이 업業을
만든다는 가르침이 있다.

생각한 것이 원인이 되고

그 결과가 현실로 나타난다는 것이다.

아흔이라는 세월을 경영자와 탁발승으로 살아오며
내가 깨달은 것도 오직 이 한 가지뿐이다.

인생은 마음에 그린 대로 되고,
강렬하게 바라면 그것이 현실로 나타난다.

이제 당신이 당신의 마음에 물을 차례다.

당신은 어떤 삶을 살고 싶은가?

그러한 삶의 모습을 생생히 그리고 강렬히 바라며

치열하게 노력하고 있는가?

스스로 한 점 부끄러움 없이
"예"라고 대답할 수 있다면,
당신의 상상은 곧 당신의 운명이 될 것이다.

프롤로그

불확실한 시대일수록
더 뜨겁게 물어야 할 질문

우리는 지금 불확실하고 미래를 내다볼 수 없는 불안한 시대를 살아가고 있다. 물질은 풍족해졌지만 마음이 채워지지 않고, 먹고사는 데는 부족하지 않으나 예절이 결핍되어 있으며, 자유롭지만 사방이 막힌 느낌 탓에 돌파구를 찾기는 어렵기만 하다. 의욕만 있으면 무엇이든지 손에 넣을 수 있고 무슨 일이든 할 수 있는데도 무기력하고 비관적인 사고에 휘말리는가 하면, 개중에는 범죄나 불미스러운 일에 손을 대는 사람도 있다.

이렇듯 사회에 폐색의 분위기가 만연한 까닭은 무엇일

까? 나는 많은 사람이 세상을 살아가는 의미와 가치를 찾지 못한 채 인생의 지침을 잃었기 때문이라고 생각한다. 오늘날 사회의 혼란이 그러한 인생관의 결여에서 비롯되었다고 여기는 사람은 비단 나 혼자만이 아닐 것이다.

'인간은 무엇을 위해 살아가는가?'
'한 번뿐인 인생을 어떻게 살아야 하는가?'

불안한 시대에 가장 필요한 과제는 이처럼 근본적인 물음을 던지는 것이다. 우선 이 물음과 정면으로 마주하고, 삶을 살아가는 지침으로서 '철학'을 확립해야 한다. 이 철학이란 이념 또는 사상으로 바꿔 말할 수 있다.

철학을 확립한다는 것은 어쩌면 사막에 물을 뿌리는 일처럼 허무하고, 계곡에서 급물살을 거슬러 올라가는 것처럼 어려운 일인지도 모른다. 하지만 열심히 땀 흘리며 노력하는 사람이 더 바보 같아 보이는 요즘 시대에 단순하고 올곧은 질문을 던지는 일이 무엇보다 소중하다고 나는 믿는다. 이러한 상황에서 '어떻게 살아가야 할지'를 고뇌하지 않는 한 혼란은 더욱 깊어질 것이기 때문이다.

나는 이 책을 통해 우리가 어떻게 살아야 하는지를 진지하게 인식하고 그 뿌리부터 확인함으로써 내가 생각하는 바를 기탄없이 이야기하려고 한다. 그리고 산다는 것의 의미와 이상적인 인생의 모습을 근본부터 새롭게 묻고자 한다. 그리하여 이 질문들이 시대의 급류에 휩쓸리지 않고 중심을 잡을 수 있는 당신만의 작은 이정표가 되기를 소망한다.

　당신이 이 책에서 살아가는 기쁨을 찾아내고 행복으로 가득 찬 충실한 인생을 보내는 데 필요한 지혜를 얻는다면 더없이 기쁠 것이다.

인간은
무엇을 위해 사는가

'인간이 인생을 살아가는 의미와 목적은 어디에 있을까?'

가장 근원적인 이 물음에 나는 인생의 궁극적인 목적이
란 '자신의 내면을 성장시키고 영혼을 갈고닦는 것'이라
고 대답하고 싶다.

살아가는 동안 욕망 때문에 방황하고 휘청이는 것이 인
간이라는 생물의 본성이다. 인간이란 그대로 내버려두면
재산과 지위 그리고 명예를 탐하느라 한없이 쾌락에 빠져
드는 존재이다. 물론 세상을 살아가려면 먹을 것과 입을

것이 부족하면 안 되고, 불편 없이 생활할 수 있을 만큼의 돈도 필요하다. 입신양명을 바라는 마음 역시 삶의 원동력이 되므로 이러한 욕망 자체가 무조건 나쁘다고만 할 수 없는 노릇이다.

하지만 그러한 욕망은 어디까지나 현세에 한정된 것이며, 욕심을 부려 양껏 손에 넣는다 해도 어느 것 하나 저세상으로 가져가지 못한다. 이 세상에서 얻은 것은 이 세상에서 다 청산해야 한다.

그중에서 단 하나 가치가 사라지지 않는 것이 있다면 그것은 바로 '영혼'이 아닐까? 죽음을 맞이할 때는 현세에서 이룩한 지위와 명예는 물론이고, 재산도 모두 버린 채 오로지 영혼만 가지고 새로운 길을 떠나야 한다.

그러므로 나는 이 질문에 단 1초의 망설임 없이 태어났을 때보다 조금이라도 더 나은 인간이 되기 위해서라고, 조금이라도 더 아름답고 숭고한 영혼을 지닌 채 죽어가기 위해서라고 대답할 것이다.

인간은 누구나 수없이 많은 고난과 즐거움으로 가득 찬 속세에서 행복과 불행의 파도에 이리저리 휩쓸리며 숨이 다하는 그날까지 지칠 줄 모르고 치열하게 살아간다. 인간이라면 그 과정 자체를 수련이라 생각하고, 이를 위한 도구로서 인성을 기르고 정신을 수양해 이 세상에 찾아왔을 때보다 높은 차원의 영혼을 지니고 떠나야 할 것이다. 나는 인간이 살아가는 목적으로 이보다 더 가치 있고 숭고한 것은 없다고 생각한다.

어제보다 나은 오늘이 되고, 오늘보다 가치 있는 내일이 될 수 있도록 하루하루를 성실하게 노력하며 살아가라. 그 끊임없는 작업 속에서 견실한 자세로 겸허하게 수행의 길을 걸어나갈 때 비로소 우리가 살아가는 목적과 가치가 빛을 발할 것이다.

인생을 살아가는 데는 즐거운 일보다 괴로운 일이 더 많기 마련이다. 때로는 왜 나만 이렇게 큰 고통을 겪어야 하느냐며 신을 원망하고 싶을 때도 있다. 하지만 세상이 나를 힘겹게 할수록, 이 역경은 마음과 혼을 갈고닦기 위한 시련이라 생각하며 오히려 기뻐하길 바란다. 고난은 인격을 단단히 연마할 수 있는 절호의 기회이기 때문이다. 시련을 '기회'로 인식할 수 있는 사람이야말로 이 한정된 인생을 진정한 자신의 것으로 만들 수 있을 것이다.

현세는 인간의 내면을 성장시키고 인격을 기르기 위해

주어진 기간이자, 영혼을 갈고닦기 위해 존재하는 수양의
장場이다. 인간이 살아가는 의미와 인생의 가치는 마음을
수양하고 영혼을 연마하는 데 있다.

:

단순한 원리 원칙을
흔들리지 않는 지침으로

영혼은 자신이 어떻게 살아가느냐에 따라 영롱하게 빛나기도 하고, 또 탁하게 흐려지기도 한다. 우리의 마음 또한 인생을 살아가는 자세와 가치관에 따라 고상해지거나 비루해질 수 있다.

이 세상에는 뛰어난 능력을 가졌으면서도 마음이 올곧지 못해 잘못된 길로 빠지는 사람이 적지 않다. 내가 몸담고 있는 경영 세계에도 '나만 돈을 벌면 그만'이라는 식의 자기중심적 사고로 불미스러운 일을 일으키는 사람이 있다. 이들은 대부분 경영에 탁월한 능력을 지닌 사람들이기에 왜 그런 행동을 벌였는지 의아해지기도 한다.

예부터 "재능이 너무 뛰어난 사람은 재능으로 망한다"라는 말이 있다. 재능이 넘치는 사람은 자신의 능력을 과신하는 탓에 가지 말아야 할 방향으로 엇나가기가 쉽다. 이런 사람들은 설사 재능 덕분에 한 번은 성공할지 몰라도, 결국 재능에만 의존한 나머지 언젠가는 실패하게 된다. 그래서 재능이 남들보다 뛰어날수록 그 우수한 능력을 올바른 방향으로 이끌어줄 나침반이 필요하다. 그 지침이 되는 기준이 이념과 사상, 즉 철학이다.

철학이 부족하고 인격이 미숙하면 제아무리 재능이 차고 넘치더라도 '재능은 있지만 덕이 없는 사람'이라고 평가받기 마련이며, 뛰어난 능력을 올바른 방향으로 펼치지 못해 잘못된 방향으로 빠지기 십상이다. 이는 비단 기업의 리더에게만 해당하는 말이 아니며, 모든 사람의 인생에 공통으로 적용되는 것이다.

인격은 '성격 + 철학'이라는 수식으로 나타낼 수 있다. 태어나면서부터 갖고 있는 성격에 성장 이후 인생을 걷는 과정에서 배우고 익힌 철학이 어우러져 '인격'이 형성된다. 선천적으로 타고난 성격과 후천적으로 학습한 철학이 합쳐져 인격, 즉 마음의 품격이 도야되는 것이다.

결국 '어떤 철학을 토대 삼아 인생을 살아가느냐'에 따라 그 사람의 인격이 결정된다. 철학이라는 뿌리를 단단히 내려야 인격이라는 나무의 줄기가 굵고 곧게 성장할 수 있다.

그렇다면 과연 어떤 철학이 필요할까? 그 기준을 한마디로 짚어보면 '인간으로서 올바른가, 아닌가'이다. 부모라면 자녀에게 늘 일러주곤 하는 단순하고 소박한 가르침이자 인류가 예로부터 당연시해 온 윤리와 도덕이다.

나는 27세에 주변 사람들의 도움을 받아 '교세라京セラ'라는 회사를 설립했다. 하지만 경영에 관해서는 완전히 초짜여서 관련된 지식도, 경험도 없었기에 대체 어떻게 해야 경영을 잘 해나갈 수 있을지 알지 못했다. 나는 고민 끝에 '일단 인간으로서 옳은 것을 올바르게 지켜나가자'고 마음을 정했다.

구체적으로 꼽아보면 거짓말하지 않기, 남에게 폐를 끼치지 않기, 정직하게 행동하기, 욕심 부리지 않기, 자신만 생각하지 않기 등의 지침들이었다. 결코 거창하지 않으면서도 어릴 때 부모와 선생님에게 한 번쯤 배웠을, 그러나 어른이 되면서 망각하고 살기 쉬운 기본적이고 단순한 도덕 규범을 '경영 지침'이라 인식하고 판단 기준으로 삼은 것이다.

경영에는 무지했지만 '세상에 보편적으로 널리 알려진 도덕과 윤리에 위배되는 행동을 하고서 좋은 결과를 얻을 리는 절대 없다'는 단순한 사실만큼은 확신할 수 있었기 때문이었다. 물론 매우 단순한 기준이었지만 그렇기에 더더욱 이치에 맞는 원리였다. 이 기준에 따라 판단하고 경영한 결과, 언제나 흔들리지 않고 올바른 길을 걸어가 사업을 성공으로 이끌 수 있었다.

'인간으로서 올바른 일을 추구한다.'

내가 사회적으로 성공한 이유를 찾는다면 단지 그뿐이다. '인간으로서 잘못되지 않았는가?', '근본적인 윤리와 도덕에 어긋나지는 않았는가?' 나는 이 기준을 살아가는 데 가장 중요한 신념으로서 마음에 새기고 인생을 살아가는 동안 필사적으로 지키기 위해 노력했다.

오늘날에는 경영 철학이나 삶의 방식에 관해 이야기할

때 '윤리와 도덕을 지켜야 한다'고 하면 '시대에 뒤떨어진 고루한 사고'라고 비웃는 이들도 많을지 모른다. 하지만 인간으로서 지켜야 할 올바른 가치관과 도덕은 인류가 오래전부터 지켜온 지혜의 결정체이며, 우리 일상의 모든 것을 판단할 수 있는 확실한 중심축이다.

요즘 사람들은 일찍이 생활 속에서 찾은 수많은 지혜를 고리타분하다는 이유로 배제하고 편리만 추구한 나머지, 윤리와 도덕을 비롯해 잃어서는 안 될 수많은 가치를 잊고 살아간다. 그러나 지금이야말로 인간으로서의 근본적인 원리 원칙을 다시금 되새기고 그에 따라 살아가야 할 때가 아닐까. 비로소 소중한 지혜를 되찾아야 할 때가 된 것이다.

열심히 일하면
진리를 깨닫게 된다

인격을 수양하고 마음을 갈고닦으려면 구체적으로 어떻게 해야 할까? 산속에 들어가거나 쏟아지는 폭포수를 맞는 것처럼 특별한 수행이 필요할까? 그렇지 않다. 오히려 이 세속적인 세상에서 매일 열심히 일하는 것이 무엇보다도 중요하다.

석가모니는 깨달음의 경지에 이르는 수행법의 하나로서 '정진精進'의 중요성을 설파했다. 정진이란 열심히 일하는 것, 곁눈질하지 않고 지금 내게 부여된 일에 최선을 다하는 자세이다. 나는 그러한 삶을 유지하는 자세야말로 우리의 마음을 수양하고 인격을 높이는 데 가장 중요하고 효과적인 방법이라고 생각한다.

사람들은 일반적으로 노동을 생활에 필요한 양식과 보수를 얻는 수단 정도로 생각한다. 그래서 최대한 적게 일하고 많은 돈을 벌기를 원하며, 나머지 시간은 취미와 여가에 쏟아야 풍요롭고 이상적인 삶을 살 수 있다고 여긴다. 이러한 인생관을 가진 사람 중에는 일을 마치 '필요악'처럼 말하는 사람도 있다.

하지만 노동은 인간에게 매우 심원하고 숭고하며 큰 가치와 의미를 지닌 행위이다. 노동에는 욕망을 이겨내고 마음을 수양하면서 인격을 길러나가는 효과가 있다. 단순히 생계에 필요한 양식을 얻는 데 그치는 것이 아니라 영혼을 연마하는 행위인 것이다. 그렇기에 날마다 자신의 일에 온 마음을 다해 노력하는 자세가 가장 중요하며, 그렇게 살아가는 삶이야말로 인간의 내면을 성장시키고 인격을 높이는 고귀한 '수행'이다.

에도시대 말기의 농정가農政家 니노미야 손토쿠의 일례를 보면 '일을 통한 수행'의 의미가 더욱 마음 깊이 다가온다. 그는 가난한 집에서 나고 자라 학문도 제대로 익히

지 못한 일개 농민이었다. 가래와 괭이 한 자루씩을 손에 들고 해가 뜨기도 전인 어두운 새벽부터 논밭에 나가 별이 하늘을 수놓는 한밤중까지 오로지 성실하게 농사일에 매진하는 것이 그의 유일한 수행이었다. 그는 단지 그렇게 한결같은 자세로 일해서 마침내 피폐해진 농촌을 풍요로운 마을로 바꾸는 위업을 이루었고, 그 공을 인정받아 도쿠가와 막부에 등용되기까지 이르렀다. 궁으로 초청받아 다른 제후들과 함께 들어설 때, 당시 그는 비록 예법을 제대로 배우지 못했음에도 귀인과 같은 위엄이 흘러넘치고 고귀한 기품마저 감돌았다고 한다. 흙투성이가 된 채 땀을 뻘뻘 흘리면서도 쉬지 않고 일했던 '밭에서의 정진'이 자신도 의식하지 못한 사이에 저절로 내면을 깊이 경작해 주었으며 인격을 도야하고 마음을 연마하여 영혼을 높은 차원으로 이끌어준 것이다.

이처럼 한 가지 일에 끊임없이 전념해 온 사람, 끊임없이 열심히 일해온 사람은 하루하루 정진하면서 저절로 정신력이 단련되고 깊이 있는 인격을 형성하게 된다. '일하는 행위'의 존엄성이 바로 여기에 있다. 마음을 갈고닦는다고 하면 얼핏 종교적인 수행처럼 들리지만 '자신이 하는 일을 진심으로 좋아하고 온 마음을 담아 애쓰는 것', 그것만으로도 충분하다.

라틴어 격언에 "일의 완성보다 일하는 사람의 완성이 중요하다"라는 말이 있듯이, 인격의 완성 역시 일을 통해 이루어진다. 무릇 철학은 성실한 땀에서 생겨나고 마음은 하루하루의 노동을 통해 연마되기 마련이다. 자신 앞에 놓인 일에 몰두해 지혜를 짜내고 노력을 거듭해 나가라. 이는 내게 주어진 오늘이라는 하루, 지금이라는 순간을 소중히 여기며 살아가는 것과도 같다.

나는 기회가 될 때마다 사원들에게 하루하루를 정말 '진지하게' 살아야 한다고 강조한다. 한 번뿐인 인생을 허투루 하지 않고 최선을 다해 성실하고 진지하게 살아내는 자세, 우직할 만큼 열심히 살아가는 자세는 평범한 인간도 비범한 인물로 바꿀 수 있기 때문이다. 각 분야에서 '명장'이라 불리는 달인들도 분명 그러한 여정을 걸어왔을 것이라고 확신한다.

일은 경제적 가치를 낳을 뿐만 아니라 인간으로서의 가치도 높여준다. 그러므로 굳이 속세를 떠나지 않아도 당장 당신이 일하는 현장에서 정신을 수양할 수 있으며, 일하는 행위 자체가 수양이다. 하루하루의 일에 충실하게 전념하면 고매한 인격을 얻을 뿐 아니라 값진 인생을 누릴 수 있다.

풍요로운 인생을 살기 위한
우주의 법칙

인생을 더욱 풍요롭게 살아가고 '행복'이라는 열매를 얻
으려면 어떻게 해야 할까? 그 방법을 나는 하나의 방정식
으로 표현한다.

인생과 일의 결과 = 사고방식 × 열의 × 능력

인생과 일의 결과는 이 세 가지 요소의 '곱셈'으로 얻을
수 있는데, 중요한 것은 '덧셈'이 아니라는 점이다.

우선 능력은 '재능'이나 '지능'으로 바꿔 말할 수 있으

며 대개 선천적으로 타고난 자질을 의미한다. 건강이나 운동신경도 여기에 해당된다. 또한 열의는 어떤 일을 이루고자 하는 열정과 노력하는 마음이며, 이는 자신의 의사로 조절할 수 있는 후천적인 요소이다. 두 가지 모두 0점부터 100점까지 점수를 매길 수 있다.

곱셈으로 이루어진 등식이니만큼 아무리 능력이 뛰어나도 열의가 없으면 좋은 결과가 나오지 않고, 반대로 능력이 없어도 이를 일찍이 깨닫고 불타오르는 열정으로 남들보다 더 노력한다면 선천적인 능력을 타고난 사람보다 훨씬 좋은 결과를 얻을 수 있다.

그리고 첫 번째 항목인 사고방식은 세 가지 요소 가운데 가장 중요한데, 어떤 사고방식을 지니느냐에 따라 인생이 달라진다고 해도 과언이 아니다. '사고방식'이라고 말하면 다소 막연하게 들릴지 모르지만 이는 마음가짐이나 살아가는 자세 그리고 지금까지 마음에 새겨온 철학, 이념, 사상 등이 모두 포함된다.

사고방식이 이처럼 중요한 이유는 그것에 0점 이하의 '마이너스 점수'가 있기 때문이다. 사고방식은 플러스 100점부터 마이너스 100점까지 점수 폭이 매우 넓기 때문에 능력과 열의를 충분히 갖추었더라도 방향이 잘못되었다면 부정적인 결과가 나올 수밖에 없다. 이 요소가 마이너스라면 아무리 곱셈을 해도 마이너스밖에 나오지 않기 때문이다.

여기서 잠시 내 부끄러운 이야기를 해보려 한다. 내가 대학을 졸업할 무렵은 취직난이 상당히 심했던 시기로, 아무런 연고가 없던 나는 입사 시험을 치를 때마다 수없이 불합격이라는 고배를 마시며 아무 데도 취업하지 못해 무척 고전하고 있었다.

그때는 '이럴 바에야 야쿠자라도 되어버릴까, 약자가 손해를 보는 불합리한 세상이라면 차라리 의리가 넘치는 야쿠자의 세계에서 살아가는 편이 훨씬 나을지도 모른다'라며 농담 반, 진담 반으로 비딱한 생각을 품기도 했다. 그때 정말 그 길을 선택했다면 그 나름대로 출세해서 작은 조직의 우두머리 정도는 되었을지도 모른다. 하지만 능력을 키운다고 해도 근본적인 사고방식이 부정적이고 비뚤어져 있으니 결코 행복해지지도, 만족스러운 인생을 건지도 못했을 것이다.

그렇다면 '플러스 방향'의 사고방식은 어떤 것일까? 어렵게 생각할 필요는 없다. 우리가 상식적으로 '좋은 마음'이라 여기는 사고방식을 떠올리면 된다.

항상 적극적이고 건설적인 마음, 감사하는 마음, 다른 사람들과 발맞추는 협조적인 마음, 밝고 긍정적인 마음, 선의를 품고 배려심이 있으며 자상한 마음, 노력을 아끼지 않는 마음, 만족할 줄 아는 마음, 이기적이지 않으며 욕심을 부리지 않는 마음이다.

이 모든 마음가짐과 자세는 누구나 알고 있을 가치관이며 초등학교 교실에 표어로 걸려 있을 법한 보편적인 윤리관이다. 그만큼 경시해서는 안 되며, 머리로만 이해하지 말고 온몸으로 받아들여 몸소 실천해야 한다.

인생은
마음에 그리는 대로 이루어진다

이처럼 선하고 좋은 마음가짐을 잊지 말고 자신이 지닌 능력을 발휘하며 항상 열정을 쏟아라. 그것이 인생에서 커다란 결실을 맺을 수 있는 비결이자 인생을 성공으로 이끄는 '왕도'이다. 이는 우주의 법칙을 따르는 삶의 방식이기도 하다.

불교에는 '사념思念이 업業을 만든다'는 가르침이 있다. 업은 '카르마karma'라고도 하며 모든 현상을 만들어내는 원인이 된다. 생각한 것이 원인이 되고 그 결과가 현실로 나타난다는 것이다. 그래서 불교에서는 '어떤 생각을 하느냐'가 중요하며 그 상념에 나쁜 것이 섞여서는 안 된다고 가르친다. 적극적인 사고를 강조한 철학자 나카무라 덴푸도 같은 이유를 들어 '절대 나쁜 생각을 해서는 안 된다'고 설파했다.

'인생은 마음에 그리는 대로 되고, 강렬하게 바라면 현실로 나타난다'라는 우주의 법칙을 단단히 마음에 새겨라. 누군가는 이런 말을 들으면 미신적 생각이라고 치부하며 가벼이 여길지도 모른다. 하지만 이 '카르마'는 내가 평생 동안 겪은 수많은 경험을 통해 확신한 이 우주의 절대 법칙이다.

좋은 생각을 하는 사람에게는 좋은 인생이 열린다.

반대로 옳지 않은 사고를 지니면 인생이 순탄하게 풀리지 않는다.

우주에는 그러한 법칙이 작용하고 있다. 지금 생각하는 것이 당장 결과로 나오지는 않기 때문에 선뜻 깨닫지 못할 수 있지만 20년이나 30년이라는 긴 시간을 놓고 생각해 보면 대부분의 인생은 자신이 마음에 그린 대로 펼쳐지게 되어 있다.

그러므로 우선 순수하고 깨끗한 마음을 지녀라. 이는

'인간으로서 어떻게 살아야 하는가'를 생각하는 데 중요한 전제가 된다. 깨끗한 마음, 즉 '세상을 위해, 인류를 위해'라는 이타적인 가치관은 본래 우주가 갖고 있는 의지이기 때문이다.

우주에는 모든 사물과 현상을 올바르게 하고 진화, 발전시키려는 힘이 존재한다. 이를 우주의 '의지'라고 해도 좋다. 이 우주의 의지가 만드는 흐름에 잘 어우러지면 인생에서 성공과 번영을 누릴 수 있다. 반면에 이 흐름과 반대되는 인생에는 몰락과 쇠퇴만이 기다리고 있을 것이다.

모든 것을 항상 '좋게 하려는' 이타의 마음, 사랑의 마음을 항상 염두에 두고 살아가면 우주의 흐름에 맞추어 멋진 인생을 살아갈 수 있다. 그에 반해 남을 원망하고 미워하며 오로지 자신만 이득을 보겠다는 사리사욕의 마음을 갖는다면 인생은 점점 나쁜 방향으로 흘러간다.

우주를 관통하는 의지는 사랑과 성의로 가득 차 있다. 이 의지는 모든 것에 평등하게 작용하며, 우주 전체를 옳은 방향으로 이끌어 성장하고 발전하게 한다. 이는 우주 물리학에서 말하는 '빅뱅 이론'을 토대로 생각해 봐도 충분히 신빙성 있는 이야기이다. 이에 대해서는 5장에서 상세하게 살펴보기로 하고 여기서는 간략하게만 설명하려 한다.

최초의 우주에는 아주 작은 소립자밖에 존재하지 않았다. 그 소립자가 빅뱅이라고 불리는 대폭발로 결합해 원자핵을 구성하는 양자, 중성자, 중간자를 만들어내고 전자와 결합하여 최초의 원자인 수소 원자를 만들어냈다. 그렇게 다양한 원자와 분자가 육성되고 마침내 고분자가 생겨나 인류와 같은 고등생물까지 탄생한 것이다. 이처럼 우주의 진화 과정을 쫓다 보면 자연스레 우주에는 모든 것을 성장하고 진화시키려는 무언가 '위대한 것'의 의지가 개입되어 있다고 생각하게 된다.

나는 오랜 세월 동안 제품을 개발하고 생산하는 일을 하면서 이런 '위대한 것'의 존재를 실감한 적이 많았다. 그 심오한 예지叡智에 이끌려 다양한 신제품을 성공적으로 개발하며 살아왔다고 말해도 과언이 아니다.

교세라가 취급하는 세라믹은 파인세라믹이라 불리며 컴퓨터와 휴대전화 등 여러 최첨단 제품에 폭넓게 사용되는 고도의 기술 소재이다. 이 파인세라믹에 관련된 기술은 교세라가 거의 세계 최초로 개발하여 계속해서 새로운 지평을 열어왔다고 자부한다. 그런데 원래 나는 세라믹에 관해서 문외한이었다. 학창 시절에는 석유화학 등의 유기화학을 전공했으나 취직이 생각처럼 쉽게 되지 않는 바람에 본의 아니게 무기화학 계열의 초자 제조 회사에 입사한 것이었다.

그러니 세라믹에 관한 기초 지식이나 기술이 있을 리만무했고, 회사는 적자가 계속되는 상태라 연구 설비와 장치도 변변치 못했다. 결국 나는 매일 현장에 나가 연구를 계속하면서 공부와 실험에 열중하는 수밖에 없었다.

그런 상황에서 나는 단기간에 새로운 재료를 만들어내는 데 성공했다. 알고 보니 그 신소재는 미국 제너럴일렉트릭(GE) 연구소가 나보다 1년 앞서 합성에 성공한 것으로, 내가 만들어낸 것과 조성이 완전히 똑같았다. 그런데 내가 합성한 방법은 GE의 것과는 전혀 달랐다. 즉, 내가 개발한 방법론은 전 세계에 유례없는 독창적인 것이었다.

교토의 보잘것없는 초자 제조 회사에서 일하던 이름 없는 일개 연구원이 맨주먹으로 도전해 세계적인 GE 연구소에 필적할 만한 성과를 올린 것이다. 정밀한 설비로 이론적인 실험을 거듭해 이뤄낸 성과도 아니었다. 정말 우연히 들어맞은 '요행수'라고밖에 할 수 없는 행운의 결과였다. 희한하게도 그러한 행운은 이후에도 계속되었고, 회사를 그만두고 교세라를 창업한 후에도 내 옆에 자리하며 교세라의 성장을 도와주었다.

인류에게 예지의 힘을 준
지혜의 창고

교세라의 성공은 결코 우연이 아니며 내 재능이 가져온 결과도 아니다. 그저 '지혜의 보고'로부터 잠시 그 지혜를 빌려온 것뿐이다. 나는 생각지도 않은 행운이 찾아올 때마다 이 세계의, 아니 이 우주의 어딘가에 '지혜의 보고'라 할 수 있는 장소가 있어서 의식하지 못하는 사이에 그곳에 쌓인 지혜를 그때그때 퍼 올려 사용하는 게 아닐까 생각했다. 말하자면 '예지의 우물'인 셈이다.

이 우물은 인간이 아니라 신이나 우주가 소장하고 있는 보편적인 '진리'와 같은 것으로, 인류는 신이나 우주가 꺼

내준 지성으로 지금까지 기술과 문명을 발달시켰다고 할 수 있다. 나 역시도 필사적으로 연구에 몰두할 때마다 우연히 그 예지의 일부분을 접함으로써 창조성을 발휘하고 성공의 결실을 맺을 수 있었던 게 아닐까.

나는 '교토상'을 창설해 인류에 새로운 지평을 연 다양한 분야의 연구자를 표창하고 있는데, 그 수상자들과 대화를 나누다 보면 그들 모두 마치 신의 계시처럼 갑자기 창조적인 영감inspiration을 받아들인 순간이 있었다는 데 놀라곤 한다.

이 창조의 순간은 꾸준히 연구하던 중 잠시 쉬는 시간에 우연히 찾아오기도 하고, 때로는 꿈속에서 다가오기도 한다. 미국의 발명가 에디슨이 전기 통신 분야에서 획기적인 발명을 수없이 이룩한 것도, 부단히 연구하고 노력한 결과 그 지혜의 보고에서 진리를 길어 올릴 기회를 받은 게 아니었을까.

나는 위대한 선인들의 공적을 살필 때마다 인류는 지혜의 보고에서 가져온 진리를 창조력의 근원으로 하여 제품 개발 기술을 진보시키고, 문명을 발전시켜 왔다는 걸 확신하게 되었다.

그렇다면 지혜와 진리가 가득 쌓여 있는 보물 창고의 문을 활짝 열고 지혜를 빌리려면 어떻게 해야 할까? 그러려면 역시 불타오르는 열정을 쏟고 진지하게 노력을 거듭하는 수밖에 없다. 즉, 이로운 일을 하겠다는 일념으로 무언가를 얻으려 끊임없이 노력하는 사람에게 신은 앞길을 비출 횃불을 주듯이 지혜의 보고에서 한 줄기 밝은 빛을 내려준다.

　　그렇지 않다면 지식과 기술은 말할 것도 없고, 경험과 설비마저 절대적으로 부족했던 내가 어떻게 세계 최초의 기술을 개발할 수 있었는지 명확히 설명할 수가 없다. 당시 나는 자나 깨나 연구에만 몰두했고, 그야말로 일에 미치지 않고서야 할 수 없는 대단한 기세로 일했다. 어떻게 해서든 성공하겠다는 강한 열망을 품고 필사적인 심정으로 오로지 일에만 매달렸다. 그렇게 일한 대가로 지혜의 보고에 축적되어 있는 예지의 일부가 내게 주어진 것 아닐까?

인간으로서 올바른 삶을
관철해 나가라

'지혜의 보고'는 내가 만든 조어로 '우주의 섭리'나 '신의 예지'라고 바꿔 말해도 좋다. 어떻게 표현하든 그 위대한 지혜가 우리 인류를 끝없이 성장하고 발전할 수 있도록 이끌어 준다는 점에는 변함이 없다.

그런데 최근 인간이 나아가야 할 방향을 잃은 게 아닌지, 혹은 지혜의 보고에서 얻은 지혜를 잘못 사용해 그릇된 방향으로 가기 시작한 것은 아닌지 염려스럽다. 그 원흉은 역시 살아가는 데 필요한 '철학'을 잊어버린 데 있다.

인류는 과학기술에 입각한 고도의 문명을 구축하고 풍

요로운 생활을 누리는 데 성공했지만, 그 결과로 인간의 '정신'과 '마음'의 소중함을 잊고 말았다. 환경 파괴 역시 이로 말미암아 일어나는 문제이다.

　과학기술의 진보 덕분에 인류는 고도의 기술을 개발해 자유로이 사용하기 시작했다. 지금까지는 신에게만 허락 되었던 영역을 인류가 넘볼 수 있게 된 것이다. 그로 인해 인류는 고도의 기술과 지혜를 흡사 자신의 소유물처럼 생 각하고 그것을 자유롭다 못해 방종하게 다루기 시작했다. 그 악한 원인이 악한 결과로 나타난 것이 바로 환경 파괴 아닐까. 프레온 가스로 인한 오존층 파괴, 농약과 비료로 인한 토양과 하천의 오염, 이산화탄소 증가가 가져온 지 구 온난화, 다이옥신 같은 환경 호르몬이 생체에 미치는 영향 등이 우리가 살아가고 있는 지구의 환경, 나아가 우 리 인류의 생존 자체를 위협하고 있다.

　이는 본래 만물을 행복으로 이끌기 위한 지혜를 인간이 그릇된 방향으로 사용했기 때문이다. 인간은 스스로를 진 보시킨 무기로 이제 자신들을 상처 입히고 멸망시키려 하 고 있다.

　앞서 설명한 '인생의 방정식'에서 나타나듯이 아무리

기술이나 지혜가 뛰어나다고 해도, 또는 뜨거운 열의를 갖고 있다 해도 사고방식, 즉 철학, 이념, 사상을 발전시키려는 노력이 없다면 결국 지구에 막대한 재앙을 초래하게 될 것이 분명하다.

그러므로 인간으로서의 올바른 삶, 마땅히 가져야 할 삶의 자세를 추구하는 일은 이미 개인만의 문제가 아니다. 인류를 올바른 방향으로 이끌고 지구를 파멸로부터 구출해 내기 위해서라도 한 명 한 명이 앞으로 '어떻게 살아가야 할지' 자신의 삶의 방식을 다시 생각해 봐야 한다.

그러려면 남들보다 훨씬 더 엄격한 삶의 방식을 통찰하고 끊임없이 자신을 다스려야 한다. 열심히, 성실하고 진실하게 살아가며 단순하고 보편적인 도덕규범과 윤리관을 착실히 지켜라. 이러한 가치관을 자신의 철학과 삶의 근간에 두고 흔들리지 않는 신념으로 삼아야 한다.

인간으로서 올바르게 살겠다는 뜻을 한결같이 관철해 나가는 자세야말로 지금 가장 필요한 일 아닐까? 그것이야말로 우리 한 사람 한 사람의 인생을 성공으로 이끌고, 인류에게 평화와 행복을 가져올 '왕도'이다. 이 책이 그러한 인생을 살아가는 데 유용한 지침서가 되길 바란다.

차 례

1장 생각을 실현시켜라

2장   원리 원칙대로 생각하라 ─────

3장   마음을 갈고닦아 인격을 높여라

4장   이타의 마음으로 살아가라

5장 　 우주의 흐름과 조화를 이뤄라

에필로그

1장

생 각 을   실 현 시 켜 라

"꿈을 갖고, 큰 뜻을 품고서 간절히 원하라!"

마음의 힘을 잘 활용하여 인생과 일에서 커다란 성과를 얻으려면 우선 그 토대가 되는 '큰 꿈'을 그려야 한다. 물론 혹자는 이 말을 들으면 매일 살아가기도 벅찬데 꿈이니 희망이니 무슨 속 편한 소리를 하고 있느냐며 비아냥거릴지도 모른다. 그러나 스스로의 힘으로 인생을 그려 나가는 사람은 어김없이 지나치다 싶을 정도로 큰 꿈과 소망을 갖고 있다.

나 역시 젊을 때 품었던 원대한 꿈이 원동력이 되어 이 자리까지 올 수 있었다고 생각한다. 교세라를 막 창업했을 때부터 나는 '이 회사를 세계 최고의 세라믹 회사로 키우고 싶다'는 큰 뜻을 품었고 직원들에게도 항상 그 말을 강조했다.

물론 그 꿈을 이루기 위한 구체적 전략이나 확실한 계획이 있었던 것은 아니다. 그 시점에서는 말 그대로 '분수도 모르는' 허황된 꿈에 지나지 않았다. 그러나 나는 회의할 때는 물론 가볍게 친목을 다질 때도 직원들에게 끊임없이 내 꿈을 이야기하고 또 이야기했다. 그러는 동안 나의 마음은 어느새 모든 직원의 마음이 되었고, 그 마음이 모여 끝내 결실을 맺게 된 것이다.

작은 소망이든, 원대한 꿈이든 생각하고 바라지 않으면 영영 이루어지지 않는다. '그렇게 되고 싶다'고 간절하게 바란 것만을 손에 넣을 수 있다. 그러기 위해서는 염원이 잠재의식에 파고들 때까지 집요하게 생각하고, 바라고, 소망해야 한다. 꿈을 이야기하는 것은 그 행위 중 하나이며 실제로 나는 그렇게 함으로써 지나칠 정도로 큰 꿈을 현실로 만들 수 있었다.

꿈이 크면 클수록 실현되기까지의 거리는 멀 수밖에 없다. 그럼에도 꿈이 이루어진 모습과 그러기 위한 과정을 몇 번이고 머릿속으로 시뮬레이션하며 눈앞에 선명하게 '보일' 때까지 그려내면 차츰 꿈을 현실로 만드는 방법을 알게 된다. 그러다 보면 평범한 일상생활 곳곳에서도 꿈으로 한 발짝이나마 다가갈 수 있는 실마리를 얻을 수 있다.

길을 걸을 때, 차를 마시면서 멍하니 생각에 잠겨 있을 때, 친구와 담소를 나눌 때… 아무렇지도 않게 지나칠 법한 평범한 상황에서도 꿈을 이룰 수 있는 실마리가 느닷없이 떠오르는 것이다. 그런데 같은 것을 보고 들어도 누군가는 거기서 중요한 힌트를 얻는가 하면, 누군가는 멍하니 지나쳐 버린다.

그 차이는 평소의 '문제의식'에서 비롯된다. 진부한 말로 들릴지 모르겠지만, 사과가 나무에서 떨어지는 것을 본 사람은 많지만 그 장면에서 만유인력의 존재를 발견한 사람은 뉴턴뿐이지 않은가.

이는 뉴턴이 그의 잠재의식에 스며들 만큼 강렬한 문제의식을 갖고 있었기 때문이다. 신의 계시, 즉 창조적인 성과를 만들어내는 영감이란 그렇게 강한 소망을 품은 사람에게만 주어지기 마련이다.

　무릇 인간은 아무리 나이를 먹어도 꿈을 이야기하고 밝은 미래를 그리며 살고 싶어 한다. 꿈을 품지 못하는 사람은 창조나 성공을 이룰 리 없으며, 인간적으로도 성장하지 못한다. 꿈을 그리고 창의적인 연구를 계속하며 한결같이 노력해야만 인격을 기를 수 있다. 꿈과 소망은 인간이 더 나은 존재로 도약하기 위한 발판이자, 성공하는 인생을 만드는 디딤돌임을 부디 잊지 말기 바란다.

마음이 부르지 않는 것은
다가오지 않는다

"역시 세상일은 생각대로 되지 않아."

사람들은 인생에서 다양한 일을 맞닥뜨리면 무의식중에 이런 식으로 단념할 때가 있다. 하지만 그것은 사실 '원하는 대로 되지 않는 것이 인생이다'라고 생각하기 때문에 그 생각과 똑같은 결과를 불러들인 것이다. 즉, '생각한 대로 되지 않는 인생'도 실은 그 사람이 생각한 대로 된 것이라고 할 수 있다.

'인생은 그 사람의 생각이 빚어낸 결과물'이라는 말은 수많은 성공 철학의 중심축이 되는 사고방식이다. 나 또한 숱한 경험을 통해 '마음이 부르지 않는 것은 내게 다가오지 않는다'는 것을 느꼈기에 이를 신념으로 삼고 있다.

즉, 이미 실현된 것들은 자신의 마음이 원해서 생긴 일이며, 이는 바꿔 말해 원하지 않으면 이루어질 일도 이루어지지 않는다는 뜻이다. 마음으로 간절히 바라고 추구하면 그대로 자신의 인생에서 실현된다. 따라서 무언가를 이루고 싶다면 우선 '이렇게 되고 싶다', '이렇게 되어야 한다'고 생각해야 한다. 그것도 그 누구보다도 강렬하게, 가슴 뜨거운 열의를 품고 자신이 원하는 일을 몇 번이고 생각하고 소망해야 한다.

이 진리를 내가 절실히 느낀 것은 50년도 훨씬 더 지난 마쓰시타 고노스케의 강연에서였다. 마쓰시타 회장은 파나소닉의 창업자로 널리 알려져 있지만 당시의 그는 지금의 명성만큼 신격화되지는 않았고, 나 역시 무명 중소기업의 경영자에 불과했다.

그 강연에서 마쓰시타 회장은 그 유명한 '댐식 경영'에 관해 이야기했다.

"댐이 없는 강은 폭우가 쏟아지면 강이 범람해 홍수를 일으키고, 반대로 가뭄이 계속되면 강물이 메말라 물 부족 현상이 일어납니다. 그러므로 미리 댐을 만들어 물을 저장해 두어야 날씨나 환경에 좌우되지 않고 물의 양을 항상 일정하게 조절할 수 있지요. 경영도 이와 마찬가지입니다. 호경기일수록 경기가 악화되었을 때를 대비해 자금을 비축해 두는 여유 있는 경영을 해야 합니다."

그런데 그 말을 듣고 수백 명의 중소기업 경영자가 모여 있던 강연장에 불만의 목소리가 잔물결처럼 퍼져 나왔다. 마침 뒤쪽 자리에 있던 나는 그 술렁거림을 한눈에 알 수 있었다.

"무슨 말을 하는 거야? 그럴 여유가 없으니까 다들 매일 땀 흘리며 악전고투를 하고 있는 거지. 여유가 있으면 누가 이 고생을 하느냐고. 우리가 듣고 싶은 건 '어떻게 하면 그 댐을 만들 수 있는가?' 하는 거라고! 이제 와서 댐이 왜 중요한지 들어봐야 무슨 소용이야?"

여기저기서 웅성거리는 소리가 들려왔다. 이윽고 강연이 끝나고 질의응답 시간이 되자 한 남성이 일어나 불만을 터뜨렸다.

"댐식 경영을 할 수 있다면야 그야말로 이상적이지요. 하지만 현실에서는 불가능합니다. 어떻게 해야 여유 있는 경영을 할 수 있는지 그 방법을 가르쳐주셔야 하지 않겠습니까?"

마쓰시타 회장의 온화한 얼굴에 당혹스러운 기색이 비쳤다. 그는 잠시 가만히 있더니, 혼잣말처럼 "그런 방법은 저도 모릅니다. 하지만 댐을 만들겠다고 마음먹어야겠지요"라고 중얼거렸다. 이번에는 강연장에 있던 청중들 사이에서 실소가 번져 나왔다. 마쓰시타 회장의 답변이 만족스럽지 않았는지, 대부분의 사람은 실망한 듯했다.

하지만 나는 웃지도 실망하지도 않았다. 오히려 온몸에 전류가 흐르는 듯한 커다란 충격을 받아 멍하니 넋이 나갔을 정도였다. 마쓰시타 회장의 그 말이 내게 중요한 진리를 일깨워주었기 때문이었다.

자나깨나 강렬하게
계속 생각하라

"마음먹으면 되지."

　마쓰시타 회장이 작은 소리로 되뇐 이 말은 내게 '일단 간절히 생각하고 원하는 것'의 중요성을 일깨워주었다. 댐을 만드는 방법은 사람마다 다르기 때문에 '이렇게 해야 한다'라고 일률적으로 가르쳐줄 수 없다. 그러나 우선 댐을 만들고 싶다는 마음이 필요하다. 그 생각이 모든 것의 시작이기 때문이다. 마쓰시타 회장은 이렇게 말하고 싶었던 것이리라.

　마음이 부르지 않으면 방법이 떠오르지 않으며 성공도

다가오지 않는다. 그러므로 가장 중요한 것은 '우선 강렬하고 절실하게 원하는 마음'이다. 그렇게 하면 그 생각이 기점이 되어 종래에는 반드시 원하는 것을 성취하게 되어 있다. 누구의 인생이든 그 사람이 마음에 그린 대로 되기 마련이다.

원하는 마음은 '씨앗'이며, 인생이라는 뜰에 뿌리를 내리고 줄기를 뻗어 꽃을 피우며 열매를 맺는 데 필요한 최초의 요인이자 가장 중요한 요인이다.

나는 사람의 인생을 꿰뚫는 그 진리를 그때 마쓰시타 회장이 주저하듯 중얼거린 말에서 감전되듯 깨달았다. 나는 그 후에도 그 놀라운 진리를 실제 삶 속에서 경험으로 체득했다.

단, 원하는 것을 성취하려면 그저 생각하고 바라는 것만으로는 부족하다. '엄청나게 절실히' 원해야 한다. 막연히 '그렇게 되면 좋겠다'고 생각하는 어중간한 수준이 아니라, 강렬한 염원으로 24시간 자나 깨나 그 일만 생각하고 원하는 정도여야 한다. 머리끝에서 발끝까지 전신을 한 가지의 바람으로 가득 채워, 내 몸속에 피가 아니라 그 염원이 흐르는 수준이어야 한다. 그 정도로 일편단심 간절히 생각하고 갈망하는 것, 그것이 목표한 일을 이루어 내는 원동력이다.

같은 능력을 지니고 같은 노력을 쏟아도 한쪽은 성공 하는 반면 다른 한쪽은 실패로 끝나는 경우가 부지기수이 다. 사람들은 이 차이를 '운'이나 '재수'의 탓으로 돌리고 싶어 하지만 실은 소망의 크기, 높이, 깊이, 열기의 격차 에서 비롯된 것이다.

이렇게 단언하면 "성공의 비결이 고작 그것일 리 없 다"라고 코웃음을 치는 사람도 있을 것이다. 하지만 막 연히 원하는 것이 아니라 '먹고 자는 것도 잊어버릴 만큼 생각하고, 거듭 생각해 종국에는 염원이 잠재의식에까지 스며들 정도'여야 한다. 이는 결코 '고작'이라 말할 수 있 을 만큼 가벼운 일이 아니다.

기업 경영에서 신규 사업을 추진하거나 신제품을 개발 할 때도 머리로만 생각하고서 '이건 무리야', '성공할 리 없어'라고 판단하는 경우가 있다. 하지만 그렇게 상식적 인 수준으로만 생각해서는 가능한 일도 불가능해진다. 진 심으로 무언가 새로운 것을 이루고자 한다면, 일단 강렬 하게 염원하고 절실히 바라는 마음부터 품어야 한다.

불가능을 가능으로 바꾸려면 먼저 광기로 보일 만큼의 절실한 바람과 실현할 수 있다는 믿음을 갖고 끊임없이 노력하라. 이것이 인생에서나 경영에서나 목표를 달성할 수 있는 유일한 방법이다.

꿈이
선명하고 생생하게 보이는가

'어떤 일을 이루고 싶다면 가장 먼저 절실히 바라고 강렬하게 원해야 한다.'

그다지 과학적인 말이 아니기에 이 말을 단순히 정신론으로 치부하는 사람도 분명 있을 것이다. 하지만 끊임없이 생각하고 간절히 바라면 실제로 결말이 '보이게' 된다.

'그렇게 되면 좋겠다', '이렇게 되고 싶다'라는 마음을 강하게 품어라. 더 나아가 그것을 실현해 가는 과정을 머릿속에서 진지하게 그려보며 수없이 시뮬레이션을 반복해야 한다. 장기를 둘 때 수를 몇만 가지나 생각해 보듯이 몇 번이고 반복해서 어떤 목표를 성취하는 과정을 머릿속에 그리면서 모의 연습을 하는 것이다. 그 과정에서 잘되지 않는 부분이 있다면 기보를 그렸다가 수정하듯이 계획을 계속 다듬어가야 한다.

그런 식으로 바라고, 생각하고, 연마하는 과정을 집요하게 반복하다 보면 성공으로 가는 길이 마치 언젠가 한번 가본 것처럼 선명히 '보이게' 된다. 처음에는 꿈에 지나지 않았던 일이 차츰 현실로 보이고, 꿈과 현실의 경계가 희미해지면서 나중에는 이미 이루어진 것처럼 느끼게 된다. 원하는 일을 해낸 상황이 눈앞에 선명하게 그려지는 것이다.

그런데 그 장면이 흑백으로 보인다면 아직 불충분한 상태로, 연마를 거듭하다 보면 더욱 현실에 가깝게 컬러로 보이는 경지에 이를 수 있다. 이는 스포츠에서 말하는 '이미지 트레이닝'과도 비슷한데, 이미지도 농도 짙게 응축시키면 '현실의 결정체'로 보이게 된다. 그러한 완성형이 보이는 수준까지 원하는 것을 강렬하게 생각하고 진지하게 몰두하지 않으면 창조적인 일에서 그리고 인생에서 성공은 따르지 않는다.

신제품을 예로 들면, 기본 사양과 성능 등 필요한 조건을 모두 만족시켰다고 해서 다 성공하는 것은 아니다. 처음에 생각을 거듭하며 머릿속에 그린 '이상적인 완성형'의 수준에 이르지 못하면 아무리 기본 사양을 충족한 제품이라 해도 시장에서 통하지 않는다.

예전에 나와 함께 일하던 사람 가운데 일류 대학 출신의 연구원이 있었다. 그는 부하 직원과 함께 몇 개월이나 고생하며 시행착오를 거친 끝에 한 가지 제품을 완성했다. 하지만 나는 그 제품을 보자마자 냉정하게 '안 된다'고 퇴짜를 놓았다.

"이유가 뭡니까? 고객이 요구하는 성능에 그대로 맞춘 제품입니다."

"안 되네. 내가 기대한 건 더 수준이 높은 제품이네. 우선 색상이 칙칙하지 않은가?"

"당신도 기술자이니 '색상이 나쁘니' 하는 식의 정서적인 평가는 하지 말아 주세요. 이건 공업 제품입니다. 더 과학적이고 합리적으로 평가받아야 마땅해요."

"주관적으로 느껴질 수도 있겠지만, 내가 지금까지 머릿속에서 본 세라믹은 이런 탁한 색상이 아니라네."

그는 내 의견에 거세게 반발했지만 나도 이대로는 절대 안 된다고 완강하게 수정을 지시했다. 물론 그때까지 그가 얼마나 고생했는지를 잘 알기에 퇴짜 맞은 것에 대한 분노는 충분히 이해하고도 남는다. 하지만 어찌 됐든 그가 완성해서 가져온 제품은 그때까지 내가 그리던 것과는 분명 다른 제품이었다. 그렇게 수차례 수정하고 또 수정한 결과, 마침내 이상적인 제품을 완성해 낼 수 있었다.

"손이 베일 듯한 제품을 만들어라."

그때 나는 이렇게 요구했다. 너무 훌륭하고 완벽해서 손을 대면 베일 것 같을 정도로 흠잡을 곳 없는 제품을 추구해야 한다는 의미였다.

'손이 베일 듯한'이라는 표현은 어린 시절 내 부모님이 자주 사용하던 말이다. 너무 완벽한 제품을 보면 그 물건에 손을 대는 것조차 주저할 정도로 커다란 경외심과 동경이 느껴지곤 한다. 부모님은 그런 상태를 손이 베일 듯하다고 표현했고, 그 말이 무심결에 내 입에서도 나왔던 것이다.

'이보다 더 좋은 제품은 없다'고 확신할 수 있는 제품을 만들어낼 때까지 노력을 아끼지 마라. 그것이 '창조'라는 높은 경지를 목표로 하는 사람의 중대사이며 동시에 의무이다.

눈앞에 보일 만큼
간절하게 상상하라

이는 비단 일에만 해당되는 이야기가 아니다. 인생에서 무언가를 이루고자 할 때도 항상 '이상형'을 머릿속에 그려야 하며, 그러기 위해서는 그 이상적인 모습이 눈에 뚜렷이 보일 때까지 강렬하게 생각하고 간절히 원해야 한다. 일부러라도 목표를 높게 잡고 생각과 현실이 완전히 일치될 때까지 파고들다 보면 만족스럽고 훌륭한 성과를 얻을 수 있다.

하나 재미있는 점은, 사전에 명확히 보인 것일수록 실제로 '손이 베일 듯한' 이상형으로 실현된다는 사실이다.

반대로 사전에 이미지가 잘 떠오르지 않은 것은 어찌저찌 완성한다고 해도 '손이 베일 듯한' 수준까지는 이르지 못한다. 이것도 내가 인생을 살아오며 부딪힌 갖가지 상황에서 경험으로 체득한 사실이다.

내가 창업한 다이니덴덴(현 KDDI)이 휴대전화 사업을 시작할 때도 마찬가지였다.

"앞으로는 휴대전화의 시대가 도래할 것입니다."

내가 이 말을 하자 주변 사람들은 모두 고개를 갸웃거리며 부정적인 의견을 내놓았다. 언제 어디서든 누구나 휴대 가능한 전화를 이용한 새로운 커뮤니케이션의 시대가 도래할 것이며, 아이부터 노인까지 누구에게나 전화번호가 주어지는 시대가 머지않은 미래에 찾아올 것이라고 아무리 설명해도 임원들은 '그런 일은 있을 수 없다'며 실소를 터뜨릴 뿐이었다.

하지만 내게는 '보였던' 것이다. 사업을 시작하기 전부터 무한한 가능성을 가진 휴대전화라는 제품이 얼마나 빨리 보급될지, 그리고 어떤 가격과 규모로 시장에 유통될지 그 이미지가 내게는 선명하게 보였다.

당시 교세라가 반도체 부품 사업을 추진하는 동안 나

는 반도체 기술이 얼마나 빠르게 혁신되고, 그 규모와 비용이 얼마나 급격히 커지는지를 경험으로 체득할 수 있었다. 그 덕택에 '휴대전화'라는 새로운 상품 시장의 확대를 상당히 정확하게 예상할 수 있었던 것이다. 그뿐만 아니라 매월 기본요금은 얼마가 될 것이고 통화료는 어떻게 책정될 것인지 등 미래의 요금 체계까지 예측해 냈다.

당시 사업본부장은 내가 예상한 요금 체계를 수첩에 그대로 메모해 놓았는데, 실제로 휴대전화 사업이 시작되었을 무렵 그는 다시 그 메모를 펼쳐보았다고 한다. 그런데 실제로 책정된 요금 체계와 내가 예상한 그것이 거의 똑같았던 것이다. 그는 "귀신이 씌지 않고서야 어떻게 그럴 수 있느냐"며 혀를 내둘렀다. 이런 것이 바로 '보이는' 것이다.

휴대전화뿐만 아니라 모든 제품과 서비스의 가격은 수요와 공급의 균형, 투자액의 회수 등을 고려해 복잡하고 정밀한 원가 계산을 거쳐야 비로소 산출된다. 그런데 이런 일련의 과정을 거치기도 전에 내게는 서비스 요금까지도 명확하게 '보였다.' 이렇게 아주 작은 사항까지도 명료하게 이미지로 떠올릴 수 있다면 그 일은 틀림없이 성취할 수 있다.

한마디로 말해, 보이는 것은 이루어지고 보이지 않는 것은 이루어지지 않는다. 따라서 어떤 일을 이루고 싶다면 더없이 강렬한 마음을 품고 성공한 이미지가 눈앞에 뚜렷이 '보일' 때까지 간절하게 염원하라. '이렇게 되고 싶다'고 원하는 것 자체가 그 소망을 현실로 만들 힘이 당신에게 잠재해 있다는 증거이다. 인간이란 원래 소질과 능력이 없는 일에는 그다지 열의가 들지 않는 법이다. 그러므로 자신이 성공한 모습을 생각하고 그려낼 수 있다는 것은 성공할 확률이 매우 높다는 뜻이다.

눈을 감고 성공한 모습을 상상해 보았을 때 그 모습이 선명하게 보인다면, 그 일은 반드시 실현될 것이다.

낙관적 구상,
비관적 계획, 낙관적 실행

지금까지 아무도 시도하지 않았던 전례 없는 일에 도전할 때는 주위에서 반대하고 반발할 수밖에 없다. 그래도 자신의 마음속에 '할 수 있다'는 확고한 믿음이 있고, 그 일이 실현되었을 때를 이미지로 떠올릴 수 있다면 담대하게 구상해 나가라.

구상 자체는 지나치게 대담하다 싶을 만큼 낙관적으로 접근해 발상의 날개를 맘껏 펼쳐야 한다. 이때 주위에는 그 아이디어를 발전시켜 주고 지지해 줄 수 있는 낙관론자를 두는 것이 좋다.

예전에 나는 새로운 사고나 아이디어가 떠오르면 "이런 발상이 떠올랐는데 어떤가?" 하고 간부들에게 의견을 묻곤 했다. 그때 일류 대학을 나온 우수한 인재들의 반응은 대체로 냉담했다. 그들은 주로 그 아이디어가 얼마나 현실과 동떨어진 무모한 발상인지를 설명하며 핀잔을 늘어놓았다.

물론 그들의 의견에도 일리가 있고 분석도 날카로웠지만, 그렇다고 해서 불가능한 이유만 열거하면서 새로운 일에 전혀 도전하지 않을 수도 없는 노릇이었다. 그렇게 비관적으로 접근하다 보면 좋은 아이디어라도 냉수를 뒤집어쓴 듯이 단박에 사그라지고, 가능하던 일조차도 불가능하게 된다.

그런 일이 몇 번 반복된 후에 나는 상의할 상대를 바꿔보았다. 새롭고 어려운 일에 도전할 때면 머리가 좋지만 그 명석한 두뇌가 비관적으로 발휘되는 인재들보다는 약간 덜렁거려도 나의 제안에 "그거 재미있겠는데요?"라며 순수하게 접근하는 인재들과 의논한 것이다. 터무니없는 이야기라고 생각할지도 모르겠지만, 일단 '구상'을 하는 단계에는 그 정도의 낙관적인 사고가 적합하다.

다만 그 구상을 구체적으로 계획에 옮길 때는 정반대이다. 이때는 구상할 때와 반대로 '비관론'을 기반으로 모든 리스크를 상정해 신중하고도 엄밀하게 계획을 세워야 한다. 대담하고 낙관적으로 밀고 나가는 것은 어디까지나 아이디어를 구상할 때의 일이다. 그런 다음 계획을 본격적으로 실행하는 단계가 되면 다시 낙관론에 따라 마음껏 행동으로 옮기면 된다.

　즉, 생각한 바를 현실로 실현해 목표를 달성하려면 한마디로 '낙관적 구상, 비관적 계획, 낙관적 실행'이 필요하다는 것이다.

　탐험가 오바 미쓰로 씨도 이와 비슷한 맥락의 이야기를 한 적이 있다. 오바 씨는 세계 최초로 북극과 남극을 홀로 걸어서 횡단한 인물로, 나는 그가 탐험에 나설 때 교세라의 제품을 제공한 인연이 있었다. 오바 씨가 그 답례 인사로 나를 찾아와 잠시 대화를 나누었는데, 나는 그때 목숨을 건 모험을 두려워하지 않는 오바 씨의 용기를 극찬했다. 그러나 오바 씨는 약간 난처해하는 표정을 지으며 그 자리에서 내 말을 부정했다.

　"아니요, 저는 용기 있는 사람이 아닙니다. 용기는커녕

겁쟁이라고 할 만큼 겁이 많지요. 하지만 그렇기 때문에 세심하게 주의를 기울여 준비를 합니다. 이번에 성공한 것도 그 덕분입니다. 탐험가가 대담하기만 하다면 오히려 죽음의 위기에 놓이게 됩니다."

이 말을 듣고 나는 어떤 분야든 무언가 목표한 일을 해내는 사람은 역시 다르다는 사실을 새삼 느꼈고, 오바 씨가 인생의 진리를 꿰뚫고 있다는 점에 감탄했다. 이 희대의 탐험가는 조심스러움, 신중함, 세심함이 뒷받침되지 않은 채 그저 용기만 있다면 그것은 단지 만용에 지나지 않는다고 말하고 싶었던 것이리라.

아프고 난 후에 깨달은
마음의 대원칙

지금까지 '어떤 마음으로 살아가느냐에 따라 인생은 얼마든지 달라질 수 있다'는 인생의 대원칙에 대해 이야기했다. 그런데 실은 내 인생이야말로 실패와 좌절의 연속이었고, 나는 수없이 힘든 일을 헤쳐와야 했다. 그 지난한 과정을 통해, 그러한 법칙을 깨닫게 되었다.

젊은 시절에 나는 어떤 일을 하든 잘 풀린 적이 없었으며 내가 가려는 방향대로 일이 성취되거나 희망하던 것을 이룬 적이 단 한 번도 없었다.

‘도대체 내 인생은 왜 이렇게 순탄하지 못한 걸까?’

‘나는 어떻게 이렇게 운이 없을까?’

그때의 나는 마치 하늘로부터 버림받은 기분이었고, 걸
핏하면 불평불만을 터뜨리기 일쑤였다. 세상을 비딱하게
바라보며 수없이 한탄하기도 했다. 그렇게 좌절을 반복하
던 가운데, 모든 것은 자신의 마음이 불러일으킨다는 사
실을 서서히 깨달았다.

가장 먼저 맛본 좌절은 중학교 입시에 낙방한 것이었
다. 게다가 곧바로 결핵에 걸리는 바람에 내 좌절은 더욱
깊어졌다. 당시 결핵은 불치병 취급을 받던 질병으로, 우
리 집안에도 작은아버지 두 분과 작은어머니 한 분이 모
두 결핵 때문에 세상을 떠난 내력이 있었다. 어렸던 나는
‘나도 곧 피를 토하며 죽는 것인가’ 하는 생각에 실의에
빠져버렸다.

미열은 계속되었고 몸에는 기운이 하나도 없었다. 허무
감이 가슴에 사무쳤지만 병상에 누워 있는 것밖에는 달
리 어쩔 도리도 없었다. 그렇게 의미 없는 나날을 보내던
중, 이웃집 아주머니가 나를 가엾게 여겼는지 “이거라도

읽어보렴" 하며 책을 한 권 빌려주었다. 종교인 다니구치 마사하루가 지은 『생명의 실상』이라는 책이었다. 중학교에 입학하기도 전인 어린아이에게는 이해하기 어려운 내용이었지만 나는 무엇에라도 매달리고 싶은 심정으로 모르면 모르는 대로 열중해 읽었다. 그러다가 얼마 안 가 그 책에서 이런 문장을 발견하고는 그만 충격에 얼어붙고 말았다.

"우리의 마음속에는 재난을 끌어당기는 자석이 있다. 병에 걸린 것은 병을 끌어당기는 나약한 마음을 갖고 있기 때문이다."

다니구치는 인생에서 맞닥뜨리는 일과 사건은 모두 자신의 마음이 불러들인 것이기에 모든 것은 '마음의 양상'이 현실에 그대로 투영되어 나타난 결과나 다름없으며, 병 또한 예외가 아니라고 말했다.

병도 마음의 투영이라니, 이는 가혹한 말일지 모르겠으나 그때의 나로서는 납득할 만한 말이었다. 그도 그럴 것이, 작은아버지가 결핵에 걸려 집 별채에서 요양하고 있을 때 나는 감염이 두려워 작은아버지가 몸져누운 방을 지날 때면 항상 코를 틀어막고 뛰어서 지나가곤 했다. 반면에 아버지는 바로 곁에서 작은아버지를 지극정성으로 간병했고, 형도 결핵은 그리 쉽게 옮는 병이 아니라며 그 근처에 가기를 꺼려 하지 않았다. 나만 감염의 두려움에 떨며 작은아버지를 피해 다녔던 것이다.

그리고 천벌이라도 내린 듯, 작은아버지 곁에 가기를 마다하지 않았던 아버지와 형은 모두 괜찮았는데 몸을 사렸던 내게만 결핵이 찾아왔다. 나는 그 책을 읽고서야 '아, 그런 이치였구나!' 하고 무릎을 쳤다. 피하고 도망치려는 마음, 병을 유별나게 두려워하는 내 나약한 마음이 재난을 불러들인 것이다.

이때의 경험으로 부정적인 생각과 마음이 부정적인 현실을 끌어당긴다는 사실을 알게 되었다. 어린 시절의 나는 '마음의 양상이 현실 그 자체'라는 다니구치의 말을 뼈저리게 느끼고 내 마음가짐을 반성했다. 당시에는 '이제부터 좋은 생각만 하겠다'고 다짐했지만, 평범한 중생인 내게 그런 이상적인 마음가짐이 쉬울 리 없었다.

인생은
마음에 그리는 대로 흘러간다

다행히 결핵이 치유되어 다시 학교생활을 할 수 있었지만 그 후에도 여전히 우여곡절은 끊이지 않았다. 대학 입시 때도 1지망 학교에는 낙방하고 말았고, 어쩔 수 없이 고향에 있는 대학에 진학했다. 꽤 좋은 성적을 받았지만 당시는 전쟁으로 인한 특수 경기가 한풀 꺾여 불경기가 심해지던 시기였다. 아무런 연고도 없는 나는 입사 시험에서도 번번이 고배를 마셔야 했고, 촌에 있는 신설 대학의 졸업생에게는 입사 시험의 기회마저도 자주 주어지지 않았다. 그때 나는 불공평한 세상과 자신의 불운을 탄식했다.

'나라는 인간은 이렇게도 운이 없을까. 아마 복권을 사도 내 앞뒤 번호는 당첨되고 나만 빗나갈 거야. 아무리 노력해도 이렇게 죄다 헛수고가 되어버릴 뿐이라면 차라리 다 포기해 버릴까.'

마음은 점점 비딱한 방향으로 기울어갔다. 가라테를 배워 힘 쓰는 일에는 다소 자신이 있었기에 '야쿠자라도 될까' 하며 번화가에 있는 야쿠자 조직의 사무실 앞을 어정거린 적도 있다.

그러던 중 다행히도 대학 은사님의 소개로 교토에 있는 초자 제조 회사에 입사했지만, 그곳은 알고 보니 내일 당장 문을 닫아도 이상하지 않을 부도 직전의 회사였다. 급여는 체불되기 일쑤였고 경영자 일가의 집안싸움도 종종 벌어졌다.

모처럼 들어간 회사가 그런 상태였기에 나는 입사 동기 몇 명과 얼굴을 맞대고 푸념과 불평을 쏟아내며 매일같이 언제 사직서를 낼지 궁리할 뿐이었다. 실제로 동기들은 하나둘씩 다른 일자리를 구해 회사를 떠났고, 정신을 차려보니 나만 혼자 남아 있었다.

그런데 이러지도 저러지도 못하는 진퇴양난의 상황에 빠지자 오히려 갈팡질팡하던 마음이 사라지고 개운해졌다. 더 이상 이 처지를 원망하고 한탄하기만 해봐야 뾰족한 수가 나오지 않으니, 마음을 180도 고쳐먹고 필사적으로 내가 맡은 일에 몰두해 보자고 새로이 각오를 다진 것이다. 그때부터 나는 냄비와 밥솥을 가져다 놓고 연구실에서 취식까지 해결할 정도로 매일 실험에만 열중했다.

그러자 마음의 양상이 반영되기라도 한 듯 차츰 연구 성과가 나타나기 시작했다. 좋은 결과가 나와 상사에게 칭찬을 받게 되자 신이 나서 점점 더 일에 열중했고, 그러다 보니 더 훌륭한 결과가 나오는 선순환이 반복되었다.

얼마 지나지 않아 나는 독자적인 방법으로 당시 막 보급되기 시작했던 텔레비전 브라운관의 전자총에 쓰이는 파인세라믹 재료를 일본 최초로 합성·개발하는 데 성공했다. 그로써 주위의 평가도 훨씬 높아졌고, 이렇게 되자 급여가 늦게 지급되는 것쯤은 개의치 않을 정도로 일이 즐거워졌으며 삶의 보람마저 느껴졌다. 그뿐만 아니라 이때 축적한 기술과 실적을 통해 훗날 교세라를 일으킬 수 있었다.

마음가짐을 바꾼 순간 인생에 일종의 '전환기'가 찾아와 계속되던 악순환이 끊어지고 새로운 선순환이 생겨난 것이다. 이런 경험을 통해 나는 인간의 운명이란 결코 이미 깔려 있는 레일을 그저 달리는 것이 아니며 오롯이 자신의 의지로 좋게도 혹은 나쁘게도 바꿀 수 있다는 사실을 확신했다. 여러 가지 시행착오와 우여곡절을 거치며 '모든 일은 마음이 만들어내는 것'이라는 근본적인 원리를 인생의 철학으로 받아들인 것이다.

수많은 곡절을 겪고도 결국 인생을 성공으로 이끈 사람들은 '나는 사는 내내 부침이 격심했지만 그를 모두 이겨냈다'고 여기지만, 실은 그 행불행 모두 스스로의 마음가짐이 불러들인 결과이다.

자신에게 찾아온 일이나 사건의 씨앗을 뿌린 것은 다름 아닌 자기 자신이다.

분명 '운명'은 우리 인간의 삶에 엄연히 존재한다. 그러나 그것은 인간의 힘으로 도저히 거스를 수 없는 '숙명'이 아니며, 마음가짐에 따라 얼마든지 바꿀 수 있다. 운명을 바꾸는 요인은 다름 아닌 우리의 마음이며 따라서 인생은 자신이 만들어가는 것이라고 할 수 있다. 동양 사상에서는 이를 '입명立命'이라 표현한다.

사람은 누구나 마음이라는 물감으로 캔버스에 자신만의 그림을 그려나간다. 그렇게 완성되는 것이 바로 자신의 인생이다. 그러므로 마음의 양상에 따라 인생이라는 그림은 얼마든지 바뀔 수 있다는 사실을 명심하라.

미래진행형으로
생각하라

새로운 일을 해낼 수 있는 사람은 자신의 가능성을 굳게 믿는 사람이다. 단, 여기서 말하는 가능성이란 현재가 아니라 '미래의 능력'을 일컫는다. 단지 지금 가진 능력만으로 가부를 판단한다면 새로운 일에 도전하거나 역경을 뛰어넘는 일을 어떻게 해낸단 말인가.

자신의 가능성을 믿고 현재의 능력보다 높은 수준의 목표를 스스로에게 부여해 미래의 한 순간에 그 목표를 달성할 수 있도록 전력을 기울여라. 이때 필요한 것은, 간절히 바라고 원하는 마음이 사그라들지 않게 그 불씨를 계속 지피는 일이다. 그것이 성공과 성취로 이어지면서 자신의 능력 또한 크게 키울 수 있다.

IBM이 교세라에 처음으로 대량의 부품 제조를 발주했을 때, 그들이 요구한 사양은 믿을 수 없을 정도로 엄격했다. 당시는 대부분이 도면 한 장 정도의 사양서를 건네던 시절이었는데, IBM에서 제시한 사양은 책 한 권에 달하는 분량이었고 그 내용도 섬세함과 엄격함의 극치였다. 수차례 시제품을 만들어 납품했지만 그들은 번번이 불합격을 통보했다. 드디어 규격에 맞는 제품을 완성했다 싶어도 모두 불량품 낙인이 찍힌 채 되돌아왔다.

달성해야 하는 치수의 정밀도가 종전의 것보다 한 자릿수가 더 높을 만큼 엄격한 데다, 그때 우리 회사에는 이 정밀도를 측정할 수 있는 기기조차 없었다. 솔직히 말해서 '우리의 기술로는 불가능하다'는 생각이 수없이 머릿속을 스쳤다. 하지만 무명의 중소기업에 불과했던 당시의 교세라에는 기술력을 높이고 회사의 이름을 널리 알릴 수 있는 절호의 기회였다.

나는 사기가 떨어질 대로 떨어진 직원들을 독려하면서 동시에 전심전력을 기울여 할 수 있는 일을 다 해보고 자신이 가진 기술을 남김없이 쏟아부으라고 지시했다. 그럼에도 만만치 않은 일이었다.

온갖 방책을 다 써봤을 무렵의 어느 날, 한 기술 담당자가 세라믹을 굽는 소성로 앞에서 망연히 서 있는 모습을 보고 나는 물었다.

"이제 신에게 간절히 기도하면 되겠는가?"

자신이 할 수 있는 일을 모두 한 뒤에는 하늘의 뜻을 기다리는 수밖에 없다. 그렇게까지 전력투구했느냐고 묻고 싶었던 것이다.

그러한 초인적인 노력을 거듭한 결과 마침내 IBM의 엄격한 요구를 충족시키는 '손이 베일 듯한' 제품을 개발하는 데 성공했고, 2년 남짓한 시간 동안 공장을 풀가동해 막대한 양의 제품을 모두 납기일에 맞춰 생산해 냈다. 제품을 실은 마지막 트럭이 떠나가는 모습을 바라보면서 나는 강렬하게 실감했다.

'인간의 능력이란 무한하구나!'

언뜻 생각하기에는 불가능할 것 같은 목표라도, 꿋꿋이

열정을 다해 매진하는 자세로 노력하다 보면 결국엔 이룰 수 있다. 그러한 노력은 스스로도 놀랄 만큼 자신을 성장하게 만들고 때로는 숨어 있던 엄청난 잠재력을 깨워 능력을 꽃피우게 한다.

그러니 불가능하다고 여겨지는 일이 있더라도 그것은 지금의 자신이 할 수 없을 뿐, 미래의 자신이라면 얼마든지 할 수 있다고 생각하라. 이처럼 '미래진행형'으로 사고하는 것이 중요하다. 내 안에는 아직 발휘하지 않은 능력이 잠들어 있다고 굳게 믿어야 한다.

나는 당시 우리 회사의 기술 수준을 훨씬 뛰어넘는 일을 수주한 것이었다. 어찌 보면 무모하고 경솔하게 일을 맡았다고도 볼 수 있다. 그런데 나는 사실 창업 당시부터 대기업도 만들기 어렵다고 판단한 일을 마다하지 않고 기꺼이 수주해 오곤 했다. 이렇다 할 실적도 없는 신생 소기업으로서는 그렇게라도 해야 일감을 얻을 수 있었기 때문이다.

물론 대기업도 만들기 어렵다고 판단해 거절할 만큼 고도의 기술이 필요한 일을 우리가 할 수 있을 리 만무했다. 그럼에도 나는 절대 '할 수 없다'고 말하지 않았다. '할 수 있을지 없을지 모르겠다'는 식의 애매한 대답도 내 사전에는 없었다. 그저 용기를 내어 "할 수 있습니다"라고 단언하고 어려운 일을 따왔다.

그때마다 부하 직원들은 곤혹스러워하며 질겁했지만 나는 그런 상황에도 언제나 '반드시 된다'고 생각했다. 그러고 나서는 어떻게 해야 그 제품을 만들 수 있을지 방법을 찾는 데 몰두해 온갖 아이디어를 생각해 냈고, 그 후에는 이 제품이 앞으로 회사에 얼마나 큰 이익을 가져다줄지 온 힘을 다해 설명하며 직원들을 설득했다. 그렇게 관련된 사람 모두가 뜨거운 열정으로 그 일에 도전할 수 있도록 만들었다. 물론 일이 매번 생각대로 순탄하게 진행되는 건 아니었지만, 어떤 역경에 부딪혀도 나는 굴하지 않고 직원들을 격려했다.

"'안 된다'거나 '무리다'라고 생각하는 건 어쩔 수 없이 거쳐야 하는 과정에 불과합니다. 한계에 다다를 때까지 모든 능력과 노력을 쏟아붓는다면 반드시 성공하게 되어 있습니다."

어떻게 생각하면 내심 불가능하다고 생각하는 일을 '가능하다'며 수락한 시점에서는 거짓말을 한 것이나 다름없다. 그러나 신이 손을 내밀어 줄 때까지 필사적으로 매진하면, 무모하게 일을 맡은 '거짓'은 '실적'이라는 진실을 낳는다. 나는 지금까지 이런 식으로 수없이 많은 불가능을 가능으로 바꿔왔다. 언제나 자신의 능력은 미래진행형이라 생각하며 일을 해온 것이다.

하루하루를
거북이걸음으로

쓰쿠바대학의 명예교수를 지낸 무라카미 가즈오 선생은 유전자학의 일인자로 꼽힌다. 그는 화재 현장 같은 극한 상황에서 발생하는 초인적인 일에 관해 알기 쉽게 설명한 적이 있다.

극한 상황에서 발휘되는 인간의 능력이 왜 평소에는 잠들어 있는 것일까? 이는 초능력과도 같은 힘을 일으키는 유전자의 기능이 평소에는 꺼져 있기 때문이며, 이 스위치가 켜지면 일상적인 상황에서도 초인적인 힘을 발휘할 수 있다.

그 초인적인 힘을 발휘하는 스위치를 켜려면 플러스 방향의 사고방식과 적극적인 자세 등 긍정적인 마음과 영혼이 필요하다고 한다. 생각과 마음의 힘이 우리에게 더 넓은 세계를 열어준다는 사실이 유전자의 영역에서도 밝혀지기 시작한 것이다.

그렇다면 인간의 능력은 어디까지일까? 인간이 머릿속에서 '하고 싶다'거나 '되고 싶다'고 생각하는 일들은 유전자학의 관점에서 보면 대체로 인간의 능력 범위 안에 있다고 한다.

한마디로 말하면 인간이 바라는 일은 각자의 내면에 잠재한 '마음으로 생각한 일을 이룰 수 있는 능력'으로 충분히 성취해 낼 수 있다는 뜻이다. 단, 목표를 높게 가지되, 이를 실현해 내려면 한 걸음 한 걸음 내딛는 노력을 잊어서는 안 된다.

교세라가 아직 동네의 작은 공장이었을 무렵부터 나는 100명이 채 되지 않는 직원들에게 "나는 꼭 교세라를 세계 최고의 회사로 만들겠다"라고 수없이 호언장담했다. 그때의 교세라로서는 먼 나라 이야기처럼 느껴지는 말이었지만, 나는 그때도 반드시 그 소망을 이루어내겠다는 마음을 굳게 품고 있었다.

하지만 눈이야 높은 곳을 바라본다 한들 발은 땅을 딛고 설 수밖에 없다. 꿈이나 바람과 관계없이 현실에서는 매일 그저 그런 단순한 일을 해내기 위해 허덕였다. 어제하던 일을 1센티미터, 아니 1밀리미터라도 진척시키기 위해 하루하루 땀범벅이 되도록 일해야 했고, 눈앞에 닥친문제를 하나하나 처리하면 또 하루가 꼬박 저물어갔다.

'이런 일만 매일 반복하면서 대체 언제 세계 최고가 될수 있단 말인가!'

그때의 나는 꿈과 현실의 격차가 너무 커서 종종 절망하기도 했다. 하지만 인생이란 '오늘 하루'를 쌓아가는 것이며 '지금'의 연속일 뿐이다. 지금의 1초가 모여 하루가되고, 그 하루가 쌓이고 쌓여 일주일, 한 달, 그리고 1년이되는 것이다. 그러다 보면 어느 날 문득 너무 높아서 영영닿지 못할 것만 같던 산 정상에 어느덧 올라와 있다는 걸깨닫게 된다. 이것이 바로 우리 인생의 참모습이다.

제아무리 최단 거리로 가려고 해도 우선 오늘 하루를살아내지 않으면 내일은 오지 않는다. 목표 지점까지 일사천리로 도달하는 방법이란 존재하지 않는다.

"천 리 길도 한걸음부터"라는 오랜 속담처럼, 그 어떤 큰 꿈도 한 걸음 한 걸음이 모이고 하루하루가 쌓여야만 이뤄낼 수 있다.

오늘 하루를 하찮게 여기지 않고 진지한 자세로 열심히 살아가다 보면 자연히 내일이 보일 것이다. 또 최선을 다해 그 내일을 살면 일주일이 보이고, 일주일을 열심히 살면 한 달이 보일 것이다. 일부러 미래를 보려 하지 않아도, 지금이라는 순간순간에 최선을 다해 살다 보면 어느 순간 미래는 자연히 보이게 되어 있다.

나 자신도 분명 거북이걸음을 걷는 인간이었다. 그럼에도 느릿한 걸음을 묵묵히 옮기다 보니 특별할 것 없는 하루가 모이고 지속되어 어느덧 회사의 규모가 커져 있었고, 나 역시 현재의 위치에 이르게 되었다.

그러므로 공연히 내일에 연연하거나 미래를 내다보기에 급급하기보다는 우선 오늘 하루에 충실하라. 그것이 결국 꿈을 실현시키는 최선의 길이다.

어제보다
한 걸음 더 나아가라

내가 재능이 뛰어나고 똑똑한 사람을 그다지 높게 평가하지 않는 데는 이유가 있다. 재능을 지닌 사람은 때때로 오늘을 경시하는 경향이 있기 때문이다. 재능과 지혜를 가진 이들은 어설프게나마 미래가 보이기에 자신도 모르게 오늘 하루를 차분히 살아가는 거북이걸음을 기피하고, 토끼처럼 최단 거리를 가려고 한다. 그러다가 공을 너무 앞세운 나머지 생각지도 못한 곳에서 고전을 겪는 일도 허다하다.

교세라에도 지금까지 많은 인재가 입사했는데, 우수

하고 똑똑해 눈에 띄는 사람일수록 회사에 미래가 없다고 판단하고 쉽게 그만두는 경우가 많았다. 결국 남은 사람은 그다지 일머리가 없고 평범하며 이직할 생각도 없는 무딘 인물들이었다. 하지만 그 일머리 없던 인재들이 10년 후, 20년 후에는 어김없이 각 부서의 간부가 되고, 리더가 되어 훌륭하게 조직을 이끌었다.

그렇게 평범했던 사람들이 어떻게 비범한 인재가 될 수 있었을까?

그 비결은 바로 싫증 내지 않고 한 가지 일에 묵묵히 최선을 다하는 끈기, 말하자면 '오늘 하루'를 열심히 살아내는 힘에 있다. 또한 그 하루하루를 쌓아나가며 지속하는 힘이다. 한마디로 '지속의 힘'이 평범한 사람을 비범한 인재로 바꾼 것이다.

안이하고 편한 길을 택하기보다 한 걸음 한 걸음 걸어나가며 하루하루를 열심히, 진지하고 우직하게 살아가라. 꿈을 현실로 바꾸고, 마음이 뜻한 바를 성취하는 사람은 그렇게 범상하지만 비범한 사람들이다.

다만 '지속'이란 '같은 일을 반복한다'는 뜻은 결코 아니다. 지속과 반복은 엄연히 다르다. 어제와 똑같은 일을 건성건성 반복하는 것이 아니라 오늘보다는 내일이, 내일보다는 모레가 조금씩이라도 개선될 수 있도록 발전해 나가야 한다. 그렇게 창의적으로 연구하는 마음가짐이 성공으로 다가가는 속도를 높여준다.

나는 기술자 출신이라서 그런지 무슨 일에서든 '이걸로 된 걸까?', '더 좋은 방법은 없을까?'라는 질문을 습관처럼 스스로에게 던지곤 한다. 그러한 시각으로 보면 제아무리 사소한 문제라도 지혜를 짜내고 연구할 여지가 수없이 많다는 것을 알 수 있다.

단순한 예로, 청소할 때를 생각해 보자. 지금까지 빗자루를 사용했다면 '이번에는 대걸레를 사용해 보면 어떨까?' 또는 '다소 돈이 들더라도 상사에게 건의해 청소기를 구입하면 어떨까?'와 같이 더 빠르고 깨끗하게 청소하는 방법에 대해 여러 각도에서 궁리해 보는 것이다. 청소하는 순서나 방법을 바꿔보는 등 계속 연구하다 보면 나중에는 한층 더 솜씨 좋게, 효과적으로 업무를 완수할 수 있다.

사소한 일이라도 더 연구하고 고민해 개선하려 하는 사람과 그렇지 않은 사람 사이에는 장기적으로 봤을 때 놀라울 정도의 차이가 벌어진다. 다시 한번 청소를 예로 들자면 청소 방법에 대해 매일 창의적으로 연구를 거듭한 사람은 나중에 빌딩 청소를 맡아 하는 용역 회사의 사장이 될 수도 있다. 그에 반해 아무런 고민 없이 건성건성 부여된 일만 하면서 연구를 게을리한 사람은 늘 똑같은 청소만 반복할 뿐이다.

　어제보다 조금이라도 많이 연구하고 더 나아지겠다는 마음으로 오늘은 더 전진하라. 발전하고 나아지려는 태도는 훗날 커다란 차이가 되어 나타날 것이다. 상투적으로 익숙해진 길로는 가지 않으려는 자세, 그것이 성공으로 다가가는 비결이다.

신의 음성이
들릴 만큼

업무 현장에는 그런 태도를 치하하는 신이 있다. 가령 온 갖 방법을 다 쓰면서 시행착오를 거듭했는데도 좋은 성과를 얻지 못하고 벽에 부딪혀 더 이상 어찌할 방도가 없다고 낙담할 때가 있다. 하지만 실은 다 틀렸다고 생각될 때가 진짜 시작이다. 그럴 때일수록 일단 평정심을 되찾아, 현재 자신이 서 있는 장소에서 주위를 관찰해 보라.

나카보 고헤이 변호사는 모리나가 제과의 비소 우유 사건이나 도요타 상사 사건 등 수없이 많은 유명 사건을 맡아 변호했던 인물인데, 나는 그를 만난 자리에서 사건에

임할 때 무엇이 가장 중요한지를 물어본 적이 있다. 그러
자 나카보 씨는 이렇게 대답했다.

"사건의 열쇠는 모두 현장에 있습니다.
현장에는 신이 있거든요."

어떤 사건이든 가장 중요한 핵심은 모두 현장주의에 입
각하여 세밀하게 현장을 관찰하면 알 수 있다는 것이 그
의 지론이었다. 비록 그와 내가 몸담고 있는 전문 분야는
다르지만 일하는 데 가장 중요한 핵심은 역시 똑같다는
사실을 새삼 깨달았다.

예를 들어 제조 현장이라면 제품과 기계, 재료, 도구 그
리고 공정에 이르기까지 모든 요소를 한 가지 한 가지 되
짚어 확인하는 과정과 순수한 시선으로 구석구석까지 살
펴보는 일이 무엇보다도 중요하다. 여기에는 '물리적인
재점검'이나 '초심으로 돌아가는 마음가짐' 그 이상의 의
미가 있다. 제품과 현장을 새로운 눈으로 바라봄으로써
일신一新하고, 마음에 정성을 더하며 귀를 기울이는 행위
이기 때문이다.

그렇게 하면 신의 목소리가 들려온다. 현장이나 제품이 "이렇게 해보는 것이 어떤가?" 하고 속삭이며 해결의 실마리를 슬그머니 건네주는 것이다. 나는 이를 '제품이 거는 말소리에 귀를 기울인다'라고 표현한다.

세라믹이라는 제품은 분말 상태의 금속 산화물을 압축해서 성형한 뒤 고온의 소성로 속에서 구워 만들어진다. 구워서 만들어낸다는 것은 도자기와 똑같지만 전자공업 제품이므로 극도로 높은 정밀도가 요구된다. 치수에 아주 작은 오차가 발생해서도 안 되며 약간의 얼룩이나 변형도 허용되지 않는다.

창업한 지 얼마 되지 않았을 무렵 어떤 제품을 시험 삼아 제작할 때의 일이다. 이상하게도 소성로에서 제품을 구우면 꼭 마른오징어가 오그라들듯이 제품이 이쪽저쪽으로 휘거나 말려 올라가 기준 미달의 제품이 계속 만들어지는 게 아닌가. 수차례 시행착오를 거듭한 결과, 압축작업 시 압력을 가하는 힘이 달라 제품의 윗면과 아랫면의 분말 밀도에 차이가 생겨 제품이 틀어졌다는 사실을 알아냈다. 하지만 원리를 밝혀냈다고 해서 곧바로 문제를 해결할 수는 없었는데, 분말의 밀도를 일정하게 유지하기란 거의 불가능한 일이나 마찬가지였기 때문이었다. 이 증상을 개선하기 위해 연구를 거듭하고 수없이 다시 시도해 봐도 제품은 생각한 대로 구워지지 않았다.

그때 나는 제품이 어떻게 휘어지는지 그 변화 양상을 직접 보고 싶다는 생각에 소성로 뒤쪽에 구멍을 뚫고 차분하게 관찰하기 시작했다. 얼마 지나지 않아 온도가 올라가자 이번에도 제품이 마치 생물처럼 꿈틀거리며 뒤집혀 버렸다.

몇 차례를 시도해 봐도 지켜보고 있는 나를 비웃기라도 하듯 제품은 어김없이 뒤틀려 버렸다. 나는 나도 모르게 구멍으로 손을 쑥 집어 넣으려고 했다. 제품을 위에서 눌러서라도 뒤집히는 걸 막고 싶었던 것이다. 기술자로서 제품에 깊이 몰입하기도 했거니와, 손실을 내서는 안 된다는 경영자로서의 심정이기도 했다.

물론 소성로 속은 1000도가 넘는 고온이므로 실제로 손을 집어 넣어서는 안 된다. 그 사실을 잘 알면서도 그만 구멍으로 손을 쑥 넣고 싶다는 충동이 일 만큼 내 마음은 제품을 완성하겠다는 열망으로 가득 차 있었다.

그러자 마침내 제품이 내 마음에 답을 보내왔다. 이때 내가 느낀 '위에서 누르고 싶다'는 순간적인 충동이 퍼뜩 해결책을 가져다준 것이다. 그 충동에 착안해 내화성이 강한 누름돌을 올려놓고 구웠더니 조금도 뒤틀리지 않은 평평한 제품을 구워낼 수 있었다.

나는 이 일을 경험한 후 '답은 항상 현장에 있다'는 믿음을 갖게 되었다. 물론 그 대답을 얻으려면 일에 대해 누구에게도 지지 않는 강한 열정과 깊은 생각을 가져야 한다. 동시에 물리적으로는 현장을 순수한 눈으로 바라보며 찬찬히 관찰하는 과정이 필요하다. 가만히 지켜보고 귀를 기울이며 마음의 정성을 다할 때에야 비로소 '제품이 건네는 소리'를 듣고 해결책을 찾아낼 수 있다.

어쩌면 기술자답지 않은 비과학적인 말이라고 느껴질지도 모른다. 하지만 간절하게 바라고 예리하게 관찰하다 보면 무기질에 지나지 않는 제품에도 '생명'이 깃들어 무언의 목소리를 들려준다. 모든 일은 그 소리를 듣는 과정을 거쳐야 성취되며, '제품이 마음에 응답하는' 순간을 거쳐야만 '손이 베일 듯한' 제품이 완성되는 것이다.

송곳을 다루듯이
'유의주의' 하라

교세라 그룹에서는 아몰퍼스amorhpous 실리콘 드럼이라는 감광 드럼을 사용한 프린터와 복사기를 제조하고 있다. 이 특수한 감광 드럼은 경도가 매우 높아 수십만 장씩 대량 인쇄를 해도 마모되지 않으므로 프린터의 수명이 다할 때까지 드럼을 교체할 필요가 없다.

이 아몰퍼스 실리콘 드럼은 교세라가 세계 최초로 양산에 성공한 제품으로, 매우 환경 친화적이다. 이 드럼은 잘 연마한 알루미늄관의 표면에 얇은 실리콘 막을 형성하는데, 표면 전체에 균일한 두께로 막을 만들어야 감광체의 역할을 제대로 할 수 있다. 하지만 막의 두께를 일정하게 유지하기란 기술적으로 매우 힘든 일이다. 천 분의 일 밀리미터 단위의 두께에 오차가 있어서도 안 되고, 얼룩이 생겨서도 안 된다. 연구를 시작한 지 3년쯤 지났을 무렵 딱 한 번 성공한 적이 있지만 다시 해보니 또 실패였다. 재현성이 없다면, 즉 똑같은 제품을 계속 만들어내지 못한다면 양산 기술로 인정받을 수 없다. 그래서인지 당시 이 연구는 전 세계 각지에서 이루어졌음에도 양산에 성공한 곳은 한 군데도 없었다. 나도 우선은 단념할 수밖에 없었다.

하지만 딱 한 번만 더 초심으로 돌아가 현장을 다시 살펴보자는 생각이 들었다. 막의 형성 과정에서 일어나는 현상과 변화를 일일이 눈으로 확인하다 보면 눈은 반드시 무언가를 찾아낼 테고, 귀는 제품이 건네는 목소리를 들을 수 있으리란 확신이 든 것이다. 그래서 나는 연구원에게 어느 때 어떤 현상이 일어나는지 사소한 것 하나라도 놓치지 말고 주의 깊게 관찰해 보라고 당부했다.

그런데 어느 날 밤, 현장에 가보니 열심히 관찰하고 있어야 할 연구원이 꾸벅꾸벅 졸고 있는 게 아닌가. 제품의 목소리는커녕, 들려오는 소리라고는 직원의 코 고는 소리뿐이었다.

나는 즉시 담당 연구원을 다른 사람으로 교체했다. 동시에 연구소도 가고시마현에서 시가현으로 옮겼으며 리더를 포함한 다른 연구진도 대폭 조정하여 그 자리에 신입 직원을 기용했다. 이는 몇 년 동안이나 같이 일해오던 조직을 근본부터 다시 구축하는 일이었기에 상식적으로 보면 리스크가 매우 컸다. 하지만 이 전략은 제대로 들어맞아 막대한 성과를 거두었고, 그로부터 딱 1년 후 우리는 아몰퍼스 실리콘 드럼을 양산하는 데 성공했다.

제품에 대한 깊은 애정과 현장에서의 세심한 관찰을 게을리하지 않는 열의가 전임자들에겐 부족했고, 후임자들에겐 갖추어져 있었던 것이다. 어떤 제품을 새로 개발하기 위해서는 그 정도의 엄격함이 있어야 한다.

'유의주의有意注意'라는 말이 있다. '뜻을 가지고 뜻을 쏟아부으라', 즉 목적을 가지고 진지하게 의식과 정신을 대상에 집중하라는 의미이다. 쉽게 설명하자면 어떤 소리가 나서 반사적으로 그쪽을 휙 돌아보는 것은 무심결에 나타나는 생리적 반응이므로 '무의주의無意注意'이다. 반면 유의주의는 모든 상황에서 어떤 사소한 일에도 자신의 의식을 '의도적으로' 집중하는 것이다. 따라서 현장을 '관찰'하는 행위 역시 본래 이 유의주의의 연속이어야 한다. 단순하고 막연하게 대상을 바라보기만 하거나 집중력이 한결같지 않다면 그것은 유의주의라고 말할 수 없다.

"유의주의를 실천하는 인생이 아니면 의미가 없다!"

일본의 철학자 나카무라 덴푸는 이처럼 뜻을 지니고 뜻을 쏟아붓는 일의 중요성을 강조했다. 인간의 집중력에는 한계가 있어서 항상 한군데에 의식을 집중하기는 어렵지만, 평소 일상에서도 집중하고자 노력하면 점점 유의주의가 습관이 되고 사물의 본질과 핵심을 알게 되며 정확하게 판단할 수 있는 힘이 생긴다.

나 역시 젊은 시절에는 바쁘다 보니 복도에 선 채로 부하 직원과 업무 이야기를 주고받기도 했는데, 그러면 영락없이 나중에 문제가 생기곤 했다. 부하 직원은 확실히 보고했다고 하는데 나는 들은 기억이 없었던 것이다. 그런 상황을 여러 번 겪고 나서부터는 다시는 복도 같은 데서 부하 직원의 보고를 받지 않기로 결심했다. 보고할 일이나 진지하게 논의할 일이 있으면 회의실로 갔고, 상황이 여의치 않다면 사무실 구석에라도 가서 집중할 수 있는 환경을 찾았다. 아무 생각 없이 부하 직원의 보고를 받는 경솔한 행위를 스스로 금했던 것이다.

유의주의란 비유하자면 송곳을 다루는 행위와 같다. 송곳은 끝의 한 지점에 힘을 모아 효율성 있게 목적을 달성하는 도구로 그 기능의 중심에는 '집중력'이 있다. 송곳을 다루듯이 온 힘을 다해 하나의 목적에 집중하면 누구나 반드시 목표한 일을 해낼 수 있다.

집중력은 생각하고 원하는 마음이 얼마나 강하고 깊고 큰지에 따라 달라진다. 어떤 일을 성취하려면 가장 먼저 '그렇게 되면 좋겠다'라는 강한 마음을 먹어야 한다. 그 마음을 얼마나 강하게 품어 오래 지속하고, 또 실현하기 위해 얼마나 진지하게 매진하느냐가 모든 성패를 가르는 관건이다.

2장

원리 원칙대로 생각하라

우리는 모든 일과 현상을 너무 복잡하게 생각하는 경향이 있다. 하지만 그 본질은 단순하다. 얼핏 복잡하게 보이더라도 뜯어보면 대체로 단순한 것의 조합으로 이루어져 있다. 일례로 인간의 유전자는 30억이라는 엄청난 수의 염기 배열로 구성되어 있다고 하는데, 그 염기를 나타내는 단어의 종류는 단 네 가지(아데닌, 티민, 구아닌, 시토신)뿐이다.

진리라는 직물은 언제나 한 올의 실로 짜여 있다. 따라서 다양한 사실과 현상은 단순화하면 할수록 본래의 모습, 즉 진리에 가까워지고, 그렇기에 복잡해 보이는 것일수록 단순하게 재인식하는 발상이 필요하다.

'인생의 법칙'이라고 할 수 있는 이 원칙은 경영에도 고스란히 적용된다. 인생도 경영도 그 근본이 되는 원리 원칙은 같으며 더없이 단순하다. 사람들은 내게 경영의 비법이나 비결을 자주 묻곤 하는데, 그에 대한 지론을 말하면 다들 의아해하는 표정을 짓는다. 그렇게 간단한 것쯤이야 이미 모두가 잘 알고 있는데 그런 원시적인 방법으로 어떻게 경영을 잘할 수 있느냐는 것이다.

27세에 교세라를 창업했을 때 내게는 세라믹 기술자로서의 경력만 약간 있을 뿐 회사 경영에 관해서는 아무런 지식도 경험도 없었다. 하지만 회사에서는 다양한 문제가 계속해서 일어났고, 그에 대한 대책이나 해결책은 책임자인 내가 최종적으로 결정해야만 했다. 영업이든 경리든, 내가 잘 모르는 분야의 일이라도 경영자라면 재빨리 결단을 내려야 하는 것이다.

설령 그것이 아주 사소한 문제일지라도 이제 막 출범한 작은 회사에서는 존속을 좌우하는 거대한 문제로 발전할 수 있다. 그런데 기술자 출신인 내게는 그것을 판단할 지식이 없을뿐더러, '전에 이러했으니 이번에도 이렇게 하면 된다'는 식의 경험도 전무한 상태였다. 대체 어떻게 하면 좋을까.

나는 고민에 고민을 거듭했다. 그러다가 마침내 다다른 결론은 '원리 원칙'이었다. 즉, '인간으로서 무엇이 올바른가?'라는 극히 단순한 물음을 판단의 기준으로 삼고, 그 기준에 따라 올바른 일을 신념대로 관철해 나가겠다고 마음먹었다.

　'거짓말하지 않기', '정직하게 행동하기', '욕심부리지 않기', '남에게 폐 끼치지 않기', '다른 사람에게 친절하게 대하기'처럼 어렸을 때부터 부모와 선생님으로부터 배운 인간으로서 지켜야 마땅할 도리, 즉 인생을 살아가는 데 선험적으로 알고 있는 '당연한 규범'에 따라 회사를 경영하겠다고 결심한 것이다.

　'인간으로서 옳은 일인가, 그른 일인가? 좋은 일인가, 나쁜 일인가? 해도 되는 일인가, 안 되는 일인가? 그렇게 인간을 다루는 도덕과 윤리를 그대로 경영 지침과 판단 기준으로 삼으라. 경영도 결

국 인간이 인간을 상대로 하는 행위이므로 인간으로서의 근본 규범에 어긋나서는 안 된다.'

　인생도, 경영도 같은 원리 원칙에 입각해서 실천해야 하며 또한 그러한 원리 원칙에 따라 판단한다면 크게 엇나감 없이 회사를 경영해 나갈 수 있으리라는 단순명료한 생각이었다. 그래서 나는 추호의 망설임 없이 정정당당하게 경영할 수 있었고, 그 생각은 나를 훗날의 성공으로 이끌어주었다.

사업의 원리 원칙은
어디에 있는가

인간으로서 올바르게 살아갈 수 있는 삶의 방식으로 이끌어주는 단순한 원리 원칙, 그것은 바로 '철학'이라고 바꿔 말해도 좋다. 이것은 어려운 논리만 잔뜩 늘어놓은 관념적인 학문이 아니라, 경험과 실천에서 우러난 '살아 있는 철학'을 뜻한다.

그렇다면 왜 철학을 확립해야 할까? 인생을 살아가며 맞닥뜨리는 다양한 상황에서 어떻게 해야 할지 몰라 방황하거나 힘들고 곤란할 때, 철학은 어느 길을 선택해야 하고 어떻게 행동해야 하는지를 판단하는 기준이 되기 때문이다.

인생이란 길을 걷다 보면 결단과 판단을 내려야 하는 상황을 수없이 마주하게 되어 있다. 일, 가정, 취직, 결혼에 이르기까지 온갖 상황에서 사람은 끊임없이 선택의 기로에 놓이고, 그때마다 단호하게 결단을 내려야 한다. 살아간다는 것은 이러한 판단의 집적이자 결단의 연속이다.

즉, 그렇게 수많은 판단들을 거듭해 온 결과가 지금의 인생이며, 또한 앞으로 어떠한 선택을 하느냐가 이후의 인생을 결정하는 것이다. 그러므로 결정의 순간에 판단과 선택의 기준이 되는 원칙을 갖고 있느냐, 아니냐는 우리 인생을 완전히 다른 길로 인도한다.

지침 없는 선택은 해도海圖 없이 항해하는 것과 다름없으며 철학이 뒷받침되지 않은 행동은 등불 없이 어두운 밤길을 걷는 것과 같다. 철학이라는 말이 어렵게 느껴진다면 각자의 인생관, 윤리관 또는 이념이나 도덕이라고 바꿔 생각해도 좋다. 그러한 기준이 이른바 살아가는 데 기축이 되고, 방향을 잃었을 때 되돌아가야 할 '원점'이 되는 것이다.

현재의 KDDI는 내가 창업한 다이니덴덴과 국제통신

최대 기업인 KDD, 그리고 도요타 계열인 IDO 세 곳이 합병해 탄생한 회사이다. 2000년 가을, 이 세 회사의 대동단결로 NTT(일본전신전화공사)에 대항할 수 있는 새로운 통신사업자가 발족했다.

당시 휴대전화 분야에서 다이니덴덴과 IDO는 같은 방식을 택해 전국의 지역을 이등분하는 형태로 사업을 진행하고 있었다. 이대로라면 휴대전화 분야의 최대 업체인 NTT와는 도저히 겨룰 수 없었다. 그렇게 되면 시장 경쟁의 원리가 제 기능을 하지 못할 위험이 컸다. 실질적으로는 NTT의 독점 상태가 되어 사용자가 서비스 향상과 요금 절감 등의 장점을 누릴 수 없는 것이다.

그래서 나는 과감하게 KDD와 IDO에 합병을 제안했다. 다만 합병할 때는 '흡수 합병'의 형태를 취할 것인지 '대등 합병'으로 갈 것인지를 조정하기가 무척 어렵다. 과거에도 서로 팽팽하게 '대등 합병'을 주장하다 보니 어렵게 합병에 성공하고도 주도권 분쟁이 끊이지 않는 사례들이 많았다.

나는 깊이 생각한 끝에 한 가지 제안을 내놓았다. 3사 대등 합병이 아니라 다이니덴덴이 주도하는 흡수 합병이었다. 물론 나는 패권주의나 자사의 편익을 우선하기 위한 목적으로 이 형태를 제안한 것이 아니다. 합병 후, 새 회사를 원활하게 운영하려면 세 회사 가운데서 가장 실적이 좋고 경영 기반이 탄탄한 다이니덴덴이 주도권을 쥐는 것이 제일 효율적인 방법이라고 냉정하게 판단했기 때문이었다.

사업의 원리 원칙이란 어디에 있는 것인가?

그것은 결코 회사의 사사로운 이익이나 체면에 있지 않다. 사업은 오직 사회와 인류에 도움이 되는지 여부를 원칙으로 삼아야 한다. '이용자들에게 좋은 제품과 서비스를 제공하는 것'이 기업 경영의 근간이며 원리 원칙이어야 한다. 그렇다면 단순히 합병만으로는 기업의 책임을 다했다고 할 수 없다. 경영 책임을 명확히 하고 새로운 회사를 가능한 한 빨리 궤도에 올려, 장기적으로 안정된 경영이 이루어져야만 비로소 기업의 책무를 완수했다고 할 수 있다. 그 과정까지 진행되지 않는다면 시장에 진정한 경쟁을 불러일으킬 수 없으며, 사람들과 사회에 이익을 줄 수도 없다.

나는 이러한 관점에서 냉정하게 판단해 다이니덴덴이

주도권을 갖는 것이 최선이라는 결론을 내렸다. 그리고 미래에 일본의 정보통신산업이 추구해야 할 청사진까지 제시하며 나의 생각을 밝히고 진심을 다해 상대를 설득했다. 그리고 합병 후에는 IDO와 KDD의 대주주였던 도요타가 교세라에 버금갈 만큼 비중이 큰 2대 주주가 되어줄 것을 제안했다.

결국 이러한 성의와 열정이 두 회사에 통해 합병은 원만한 합의에 이를 수 있었다. 그 후 새로 탄생한 회사 KDDI가 이룩한 눈부신 약진은 이미 수많은 사람이 알고 있는 그대로이다. 사사로운 이익이 아니라 타인의 이익을 가장 중요한 가치로 생각하겠다는 경영의 원리 원칙을 관철해 마침내 성공을 이루어낸 것이다.

그 어느 때에도
목숨처럼 원리 원칙을 지켜라

이처럼 원리 원칙에 입각한 철학을 확실히 세우고 그에
따라 살아가는 자세는 모든 일을 성공으로 이끌고 인생에
커다란 결실을 가져다준다. 그러나 이는 결코 편하고 즐
겁기만 한 길이 아니다. 철학을 근간으로 살아간다는 것
은 자신을 규제하고 속박하는 일이기에 오히려 고통이 따
를 때가 더 많다. 때로는 손해마저도 감수해야 하는 고난
의 길이다.

두 가지 길이 놓여 있을 때 자신의 이익을 우선하지 않
고 설령 고난으로 점철된 가시밭길이더라도 그 '마땅히

가야 할 길'을 선택하는 삶, 그러한 우직하지만 요령 없는 삶을 기꺼이 선택하는 일이기도 하다.

다만 장기적인 안목으로 본다면 확고한 철학에 근거해 실천한 행동은 결코 손해가 되지 않는다. 당장은 손해처럼 보여도 마침내는 반드시 이익이 되어 돌아올 것이며, 그릇된 길로 빠지는 일도 없다.

일례로 일본이 거품 경제의 한가운데에 있을 무렵 많은 기업이 부동산 투기에 혈안이 되었던 적이 있다. 토지를 소유하고 전매하기만 해도 자산 가치가 쑥쑥 올라가던 시대였던지라, 수많은 기업이 부동산의 가격 상승을 예상하며 은행에서 거액의 돈을 빌려 부동산 투기에 쏟아부었다. 소유하고 있기만 해도 물건의 가치가 올라간다는 건 경제 원칙으로 보면 터무니없는 논리인데도 그처럼 원리 원칙에 어긋나는 행위가 당연한 것처럼 횡행했다. 하지만 버블이 붕괴되자 가치가 높아질 것이라고 기대했던 자산은 단번에 가치가 하락했고, 많은 기업이 불량 채권을 떠안게 되었다.

물론 혹자는 "버블이 꺼진 지금이기에 말할 수 있는 결과론이 아니냐"라고 말할지도 모른다. 하지만 확실한 원리 원칙과 철학을 근간에 두고 있다면 어떤 상황에서도 올바른 판단을 할 수 있다.

당시 교세라에는 그때까지 꾸준히 축적한 예금액이 꽤 있었기에 주변에서는 그 자금을 부동산 투자에 쓰라고 부추겼다. 어떤 은행 담당자는 내가 부동산 투자가 얼마나 큰 이익을 가져올 수 있는지를 몰라서 투자하지 않는 것이라 생각해, 금융 구조를 상세하게 가르쳐주기도 했다.

하지만 나는 토지를 사고파는 행위만으로 막대한 이익이 발생하다니 그런 운 좋은 이야기가 있을 리 없다고 생각했다. 설사 그런 일이 있다고 해도 그 돈은 일하지 않고 얻은 부당 이익에 지나지 않으며, 쉽게 들어온 돈은 쉽게 빠져나가기 마련이라고 생각했기에 투자 제안은 모두 거절했다.

"이마에 땀 흘리며 스스로 번 돈만이 진짜 '이익'이다."

나는 이런 극히 단순한 신념을 갖고 있었고, 이 신념은 인간으로서 올바른 가치를 관철하자는 원리 원칙에 근거한 것이었다. 그래서 나는 거액의 투자 이익이라는 달콤한 제안 앞에서도 '욕심 부리지 않기'라는 원칙을 견지함으로써 흔들리지 않고 굳게 마음을 지킬 수 있었다.

비록 손해를 보더라도 지켜나갈 철학이 있는가? 그리고 고생할 것을 훤히 알면서도 받아들일 각오가 되어 있는가? 그 기준이 진정한 삶을 살아갈 수 있는지 그리고 성공의 열매를 거둘 수 있는지를 결정하는 분수령이다.

교세라의 차는
임원의 것이 아니다

인간이란 얼마나 나약한가. 매 순간 의식하고 스스로를 경계하지 않으면 순식간에 욕망과 유혹에 무릎 꿇고 마는 것이 인간이란 존재이다.

꽤 오래전의 일이다. 교세라가 어느 정도 자리를 잡고 규모가 커진 후, 임원이 외근을 나갈 때면 회사 차량을 사용할 수 있게 했다. 그런데 어느 날 한 임원이 정시에 퇴근하려고 하는데 회사 차량이 사라진 게 아닌가. 임원이 늦게까지 일을 할 거라고 생각한 총무 담당자가 그날 마침 차가 필요했던 영업부장에게 차량을 내어준 탓이었다.

이 사실을 알게 된 임원은 영업부장이 감히 회사 차량을 사용하다니 있을 수 없는 일이라며 서슬이 시퍼레져서 호통을 쳤고 그 이야기가 내 귀에까지 들어왔다. 나는 그 임원을 불러 이렇게 말했다.

"임원이라는 지위가 대단해서 차를 사용하라고 한 것이 아니네. 중요한 업무를 수행하는 사람이 이동 수단 같은 잡다한 것까지 고민하지 않고 일에 집중하도록 한 것이지. 잘 생각해 보게나. 정시에 퇴근하는 임원이 일 때문에 바쁘게 돌아다니는 부장에게 호통칠 자격이 있는지 말일세."

임원에게 우선권이 있다고 해도 그것은 어디까지나 회사 차량이지 그 임원의 자가용이 아니다. 그것이 원칙이며 도리이다. 하지만 조직 내에서 높은 위치에 올라갈수록 그 당연한 이치를 차츰 망각하게 된다. 그리고 이렇게 말하는 내게도 비슷한 경험이 있었다.

창업 당시 교세라의 회사 차량은 자그마한 스쿠터여서 나는 그 스쿠터를 직접 몰고 다녔다. 그러던 중 스바루 360이라는 소형 자동차를 구입하게 되었다. 처음에는 이 차도 직접 운전하고 다녔으나, 운전 중에도 자꾸만 회사에 대해 깊게 골몰하는 일이 생기다 보니 위험하다는 생각에 운전기사를 고용하기로 했다.

이윽고 더욱 큰 차로 바꾸고 운전기사가 운전해 주는 차를 타고 출퇴근하던 때였다. 어느 날 아침 운전기사가 나를 태우러 왔을 때, 마침 아내도 볼일이 있어 나가려는 참이기에 나는 별생각 없이 출근하는 길이니 도중까지 태워주겠다고 말했다. 그런데 아내는 그럴 수 없다고 단칼에 거절했다.

"당신 개인의 차라면 함께 타겠지만 그건 회사 차잖아요. 가는 길이라고는 해도 사적으로 사용해서는 안 된다고, 공사를 확실히 구분해야 한다고 말해놓고서는 벌써 잊은 건가요? 저는 그냥 걸어가겠어요."

반론할 여지도 없이 아내의 말이 옳다. 나는 크게 반성했다.

이는 사소한 예이지만 어떤 일이든 말은 쉬워도 실천하기는 어려운 법이며, 원리 원칙은 강한 의지로 일관해 나갈 때만 비로소 의미가 있는 것이다.

다시 말해 원리 원칙이란 올바른 사고와 강한 의지의 원천인 한편, 끊임없이 자신을 다잡지 않으면 금세 잊기도 쉽다. 그러니 항상 자신을 되돌아보고 반성하는 마음을 가져야 하며 자신의 행동을 스스로 다스리고 경계해야 한다. 이것 또한 철학을 관철하며 살아가는 데 필요한, 중요한 원리 원칙으로 기억해야 할 것이다.

플러스의 사고방식을
가졌는가

인간으로서 지켜야 할 단순한 원리 원칙은 모두 쉬운 말로 쓰인 평범한 것이며, 그 평범함과 단순함은 '보편성'에 근거하고 있다. 이는 내가 실제로 일과 경영을 해나가며 배운 진리이자 경험칙이다. 여기서는 그러한 철학과 원리 원칙의 일부를 소개하려 한다.

우선 첫째로 꼽고 싶은 요소는 '인생의 방정식'이다. 프롤로그에서 소개한, '인생과 일의 결과는 사고방식, 열의, 능력의 곱으로 이루어진다'는 법칙이다. 나는 앞에서도 여기서 가장 중요한 요소는 '사고방식'이라고 말했다.

거듭 강조하지만, 이 인생의 방정식은 범인凡人의 능력 밖에 갖추지 못한 내가 어떻게 하면 남들보다 많은 일을 해내고 또 세상과 인류를 위해 공헌할 수 있을지를 깊이 생각한 결과 찾아낸 등식이다. 이 방정식은 그 후 내가 실제로 일을 하고 인생을 살아오는 동안 항상 살아가는 방식의 토대가 되어주었다.

이 방정식의 핵심은 '곱셈'이라는 데 있다. 두뇌가 명석해서 90점의 능력을 갖추고 있는 사람이 있다고 하자. 이 사람이 자기 능력만 믿고 노력을 게을리해 열의를 30점밖에 발휘하지 못한다면 그 결과는 2700점에 머문다.

그런가 하면 머리 회전은 보통 사람 정도로, 60점의 능력밖에 없는 사람이 자신에게는 재능이 없다는 사실을 일찍이 자각하고 그만큼 더 노력해서 90점이 넘을 만큼 강한 열의를 품고 일에 매진한다면 그의 점수는 5400점이나 된다. 전자의 사람보다 두 배의 성과를 올릴 수 있는 것이다.

그리고 여기에 '사고방식' 점수를 곱해야 하는데, 이것이 가장 중요한 이유는 '방향성'이 있기 때문이다. 한마디로 사고방식에는 좋은 사고도 있지만 나쁜 사고도 있다.

플러스, 즉 긍정적인 방향으로 자신이 가진 열의와 능력을 발휘하는 사람이 있는가 하면 그것을 마이너스, 즉 부정적인 방향으로 사용하는 사람도 있다.

이처럼 사고방식은 유일하게 '마이너스 점수'가 존재하는 항목이기에 세 가지 중 가장 중요한 것이다. 열의와 능력 점수가 아무리 높아도 사고방식이 마이너스이면 곱셈의 답, 즉 인생과 일의 결과도 마이너스가 되고 만다. 이를테면 사기나 절도 같은 범죄에 열정을 쏟는다면 사고방식 자체가 마이너스로 작동하기 때문에 절대로 좋은 결과를 얻을 수 없다.

이렇게 인생의 방정식은 곱셈인 까닭에 사고방식부터 올바른 방향으로 발휘되어야 한다. 그렇지 않으면 아무리 뛰어난 능력과 강한 열의를 품고 있어도 아까운 재능을 썩힐 뿐만 아니라 나아가 사회에 큰 해를 끼치게 된다.

언젠가 메이지시대의 계몽 사상가인 후쿠자와 유키치가 강연회에서 한 말을 들은 적이 있다. 마침 그의 말은 내가 주장하는 '인생의 방정식'을 뒷받침해 주고 있다.

"철학자처럼 깊게 생각하되 무사처럼 청렴하며 공무원이 지닐 법한 재능과 지식, 농민의 건강한 신체를 가진 사람이 비로소 이 사회에 도움이 되는 '대인大仁'이라고 할 수 있다."

비즈니스 사회에서 훌륭한 인물이 되기 위해 필요한 조건을 우선순위대로 정리한 말이다.

후쿠자와 유키치가 말한 깊은 사고와 청렴한 마음은 인생 방정식의 '사고방식'에, 재능과 지식은 '능력'에, 그리고 건강한 신체는 노력을 게을리하지 않는 '열의'에 해당한다. 나는 그의 말을 깊이 되새기며 인생에서 사고방식과 열의, 능력이 얼마나 중요한지를 다시 한번 인식했다.

신이 손을 내밀 만큼
간절하고 진지하게

"하루하루를 진검 승부하듯 진지하게 살아가라."

이 말은 단순하지만 삶을 살아가는 데 근간을 이루는 매우 중요한 원리 원칙이다.

검술에 비유하면 도장에서 연습을 할 때도 죽도가 아닌 진검을 들고 임한다는 뜻이며, 활쏘기에 비유하면 활을 보름달처럼 둥근 모양이 될 때까지 힘껏 잡아당겨서 조금의 느슨함이나 빈틈도 없이 팽팽한 긴장감 속에서 활을 당긴다는 뜻이다. 이처럼 매일의 삶에서 언제나 필사적으

로 진심을 다해 노력하는 마음가짐과 태도를 견지해 나가
야 마음에 그린 대로의 인생을 살아갈 수 있다.

인생은 드라마이며 우리 한 사람 한 사람이 그 드라마
의 주인공이다. 그뿐만 아니라 드라마의 감독, 각본, 주연
을 모두 혼자 해내야 하며, 그렇게 자신이 만들고 자신이
연기하며 살아갈 수밖에 없는 것이 사람의 인생이다.

그러므로 무엇보다 중요한 것은 자기 인생이라는 드라
마를 어떻게 기획할 것이며, 일생에 걸쳐 어떤 각본을 쓰
고 어떻게 연기할 것인가이다.

진지한 마음가짐과 열의 없이 게으르고 해이한 인생을
보내는 것만큼 아까운 일도 없다. 인생이라는 드라마를
농후하고 충실하게 채우려면 하루하루, 순간순간을 완전
히 진지한 태도로 살아가야 한다. 타오르는 듯한 의욕과
열정으로 언제, 어디서든 최선을 다해 성실하게 살아가
라. 그러한 시간이 쌓이고 쌓이면 우리 인간의 가치가 빛
을 발하고, 인생의 드라마가 더욱 풍부하고 알차게 채워
질 수 있다.

진지한 열의가 없으면 설령 능력이 출중하고 올바른 사
고방식을 지니고 있어도 인생의 결실을 맺을 수 없다. 아

무리 뛰어나고 치밀한 각본을 쓴들, 그 내용을 현실로 만들고 싶다면 진지한 열의가 필요하다는 사실을 기억하라.

이것은 어떤 일이든 진지하게 마주하되, 스스로를 극한의 상황까지 몰고 가서 곤경에 처하더라도 도망치지 말고 정면에서 우직하게 맞서 노력하는 자세를 취하라는 뜻이다. 물론 쉬운 일은 아닐 터이다. 그러나 어떻게든 해결해야 하는 문제를 직면했을 때 그 역경을 외면하고 도망칠지, 아니면 정면으로 맞설지 그 선택에 따라 성공 여부가 판가름 난다. 무슨 일이 있어도 성공을 이루겠다는 절실한 마음으로 일하고, 어떤 일이든 순수하게 바라보는 겸허한 자세를 잃지 않는다면 평소라면 간과할 아주 사소한 것에서도 해결의 실마리를 찾을 수 있을 것이다.

나는 이것을 '신의 계시'라고 표현한다. 괴로움에 몸부림치면서도 필사적으로 노력하는 사람을 보면 신도 가엾게 여겨 절로 돕고 싶어질 것이다. 그래서 나는 "신이 손을 내밀고 싶을 만큼 노력하라"라는 말로 직원들을 독려하기도 한다.

정면으로 곤경에 맞서고 스스로를 한계까지 몰아넣는 강인한 의지가 결국은 불가능하다고 생각한 상황을 이겨내고 창조적인 성과를 만든다. 그 축적이 인생이라는 드라마의 시나리오에 생명력을 불어넣어 마침내 현실로 만들어줄 것이다.

·
·

알고 있는가,
할 수 있는가

인생에서는 지식보다 체험이 중요하다는 원리 원칙도 매우 중요하다. '알고 있는 것'과 '할 수 있는 것'이 반드시 일치하지는 않기 때문이다. 안다고 해서 할 수 있다고 생각해서는 안 된다.

세라믹 합성도 마찬가지이다. 이 원료와 저 원료를 합성해 몇 도에서 구우면 세라믹이 완성된다는 것은 책만 읽어도 알 수 있지만, 그대로 따라 해봐도 원하는 제품이 쉽게 나오지는 않는다. 결국 현장에서 오랜 경험을 쌓아가며 차츰 그 진수를 파악하는 수밖에 없다. 어떤 일이든 지식에 경험이 더해져야 비로소 '할 수 있게' 되는 법이다. 경험을 하기 전까지는 단지 '알고 있는' 것에 지나지 않는다.

정보 사회로 들어서고 점차 지식 중심 시대가 되어가면서 '알고 있으면 할 수 있다'고 여기는 사람이 늘어난 것 같은데, 이는 잘못된 생각이다. '할 수 있는 것'과 '알고 있는 것' 사이에는 깊고 큰 골이 있으며, 그 골을 메우는 것이 바로 현장 경험이다.

회사를 설립한 지 얼마 되지 않았을 때, 나는 혼다의 창업자 혼다 소이치로가 온다는 소식에 한 경영 세미나에 참석했다. 고명한 경영자의 이야기를 한번 들어보고 싶었기 때문이었다. 전통 온천 시설에서 2박 3일의 일정으로 진행되는 세미나였기에 참가 비용은 몇만 엔에 달했다. 당시로서는 꽤 큰돈이었다. 그럼에도 나는 어떻게든 직접 혼다 회장의 얼굴을 보고 목소리를 듣고 싶다는 열망으로 주위의 반대를 무릅쓰고 참석을 강행했다.

당일 참가자들은 온천에 들어가 유카타로 갈아입고 넓은 방에 앉아 혼다 회장이 오기를 기다렸다. 얼마 후 모습을 드러낸 혼다 회장은 하마마쓰에 있는 공장에서 직접

오는 바람에 기름때로 범벅이 된 작업복 차림이었다. 그는 말을 시작하자마자 이렇게 일갈했다.

"여러분은 도대체 여기에 왜 오셨습니까? 경영을 공부하러 온 모양인데, 그럴 여유가 있다면 한시라도 빨리 회사로 돌아가 일을 하세요. 온천에서 편히 먹고 마시며 경영을 배울 수 있겠습니까? 그 증거로 나는 누구에게서도 경영에 관해 배운 적이 없는데도 회사를 경영하고 있습니다. 그러니 여러분이 해야 할 일은 딱 한 가지입니다. 빨리 회사로 돌아가 일에 전념하세요."

그는 단호한 말투로 거침없이 말하며, 심지어는 이렇게 비싼 참가비를 내는 바보가 어디 있느냐고 독설까지 퍼부었다. 참가자들은 아무런 반론도 하지 못했다. 혼다 회장의 말이 전적으로 옳았기 때문이었다. 나는 혼다 회장에게 다시 한번 존경심을 느끼며 '좋았어, 나도 얼른 회사로 돌아가 일에 매진해야지'라고 생각했다.

그는 이론만 알고 실제로 행동하지 않는 것이 얼마나 어리석은지를 가르쳐준 것이다. 방 안에서 수영 연습을 한다고 물에서 헤엄칠 수 있는 게 아니다. 그보다는 직접 물로 뛰어들어 열심히 손발을 휘저어야 수영을 익힐 수 있다.

경영 역시 마찬가지이다. 현장에서 직접 땀을 흘리지 않으면서 제대로 된 경영을 할 수는 없는 노릇이다. 혼다 회장이 그러했듯 위대한 일을 이루어내는 지혜는 경험을 쌓아야만 얻을 수 있다. 직접 몸을 던져 체험한 것이야말로 가장 귀한 자산이 되는 법이다.

바로 지금을
필사적으로 살아라

넘칠 듯한 열의로 진지하게 열심히 '지금'을 살아가는 것, 눈앞에 놓인 일에 몰두하고 매 순간 최선을 다해 충실히 사는 것이 내일, 그리고 미래를 개척해 나가는 방법이다.

　나는 지금까지 장기 경영 전략을 세운 적이 없는데, 이 말을 하면 놀라는 사람이 적지 않다. 물론 경영 이론에서 말하는 장기 경영 전략의 필요성이나 중요성은 잘 알고 있다. 그러나 오늘을 제대로 살아가지 않으면 내일은 오지 않는다. 내일 일도 모르는데 5년 후, 10년 후의 일을 과연 어떻게 내다볼 수 있겠는가.

내가 장기 경영 전략을 세우지 않는 이유는 우선 오늘이라는 하루를 열심히 보내는 것이 가장 중요하다고 생각해서이다. 아무리 장대한 목표를 내세운들 매일 부딪히는 소소한 업무에 진지하게 임하지 않으면 결코 성공할 수 없다. 위대한 성과란 견실한 노력의 집적이다.

하루빨리 미래의 성과를 얻으려고 서둘러 행동하지 말고 오늘 하루를 열심히, 최선을 다해 살아가면 내일도 저절로 보이기 마련이다. 그렇게 충실한 하루하루가 쌓여 5년이 지나고 10년이 지나면 마침내 큰 성과라는 결실을 맺는다. 나는 이 점을 명심하면서 지금까지 경영을 해왔다. 그 결과 '오늘을 완전히 살면 내일이 보인다'는 사실을 인생의 진리로써 체득할 수 있었다.

본디 우리의 생명과 인생은 가치 있고 위대하다. 그렇게 가치 있는 인생을 아무 일도 하지 않고 무위로 보내는 것은 아까울 뿐만 아니라, 우주의 뜻을 거스르는 삶의 방식이기도 하다.

천지자연은 이 우주에 필요하기에 우리를 존재하게 했다. 그 누구 한 사람도, 무엇 하나도 아무 이유 없이 생명을 받은 것이 아니므로 이 세상에 쓸모없는 존재란 하나도 없다. 대우주라는 관점에서 보면 사람 하나하나는 너무나 보잘것없고 미미한 존재일지도 모른다. 그러나 아무리 작은 존재라 해도 우리는 모두 필연적으로 이 우주에 존재한다. 아무리 작고 하찮은 생명일지라도, 심지어 무생물일지라도 우주로부터 가치를 인정받았기에 이 땅에 존재하는 것이다.

지금 이 순간을 열심히 살아가는 자연의 생명들은 각기 크고 작은 조화를 이루며 무언중에 그 소중함을 우리에게 가르쳐주고 있다. 이를테면 북극권의 툰드라 지대에서는 그 짧은 여름 동안 많은 식물이 일제히 싹을 틔우고 가능한 한 많은 꽃을 피워 씨를 만든다. 극히 짧은 생일지라도 힘껏 농밀하게 살아내려 애쓰는 것이다. 그렇게 해서 긴 겨울에 대비하고, 다음 세대로 자신들의 생명을 이어가고자 한다. 어떠한 잡념도, 여념도 없이 오직 '지금'을 살아간다.

아프리카의 사막도 그렇다. 제아무리 건조한 사막이라도 1년에 한두 번은 비가 내린다. 그 귀한 단비가 내리면 식물은 당장 싹을 틔우고 재빨리 꽃을 피운다. 그리고 1~2주라는 짧은 시간에 씨를 떨어뜨려 다음에 비가 올

때까지 사막의 혹독한 뜨거움을 견뎌내며 끈질기게 차세대로 생을 이어간다.

이처럼 자연계에서는 모든 생물이 자신에게 주어진 시간, 그 한정된 시간을 매 순간 진지하게 살아가고 있다. 그들은 '지금'을 필사적으로 살아내어 작은 생명을 내일로 이어나간다. 우리 인간도 화초에 지지 않게 하루하루를 소홀히 하지 말고 진지한 자세로 살아가야 한다.

이는 우리를 이 세상에 탄생시키고 그 생을 가치 있게 해준 우주와의 약속이며, 인생이라는 드라마를 자신이 원하는 대로 충실하게 살아가기 위한 필요 조건일 것이다.

．
．

스스로
타오르는 인간이 되어라

어떤 일을 이루려면 스스로 타오르는 자연성自燃性 인간이
되어야 한다. 나는 이것을 '스스로 타오른다'고 표현한다.
물질에는 세 가지 유형이 있다.

　첫째, 불을 가까이 대면 타오르는 가연성 물질.
　둘째, 불을 가까이 대도 타지 않는 불연성 물질.
　셋째, 스스로 뜨겁게 타오르는 자연성 물질.

　이는 인간도 마찬가지여서 주변 사람에게 어떤 말을 들

지 않아도 스스로 활활 타오르는 사람이 있는 반면에 주위에서 아무리 에너지를 불어넣어도 무심하고 냉담할 뿐 조금도 타오르지 않는 불연성 인간도 있다. 능력을 갖추고 있는데도 열의가 부족한 유형이다. 이들은 타고난 능력을 갖고 있더라도 사는 내내 그것을 제대로 발휘하지 못하는 경우가 많다.

조직의 관점에서 보면 불연성 인간은 환영할 수가 없는 유형이다. 자신이 얼음처럼 차가운 건 물론이며, 때로는 그 차가움이 주변의 열기마저도 빼앗기 때문이다. 그래서 나는 부하 직원들에게 자주 이렇게 말한다.

"불연성인 사람은 회사에 없어도 되네. 자네들은 스스로 타오르는 자연성 인간이었으면 해. 아니, 적어도 타오르고 있는 사람이 곁에 다가가면 함께 타오를 수 있는 가연성 인간이기를 바라네."

남에게 지시를 받아야 일을 하고, 명령이 올 때까지 기다렸다가 움직이는 부류의 사람들은 절대로 목표를 성취할 수 없다. 스스로 타오르고 나아가 그 에너지를 주위에도 나눠줄 수 있는 사람만이 성공의 결실을 얻을 수 있다. 자연성 인간은 누가 시키기 전에 스스로 솔선해서 일을 시작해 주위 사람들의 모범이 될 만큼 능동적이고 적극적이다.

그렇다면 어떻게 해야 자연성 인간이 될 수 있을까? 스스로 타오르는 체질을 가지려면 어떻게 해야 할까? 가장 중요하고도 좋은 방법은 '일을 좋아하는' 것이다. 이에 관해 나는 이렇게 말한다.

"일을 해내기 위해서는 엄청난 에너지가 필요합니다. 그리고 그 에너지는 스스로를 채찍질하고 불타오르게 해야 생겨나지요. 따라서 자신이 타오를 수 있는 가장 좋은 방법은 일을 좋아하는 것입니다. 어떤 일이라도 그것에 전력투구하면 커다란 성취감과 함께 자신감이 생겨나고, 그다음 목표에 도전할 의욕이 솟아납니다. 그렇게 반복하면 더욱더 일이 좋아지지요. 이 과정을 거치면 아무리 노력을 해도 그것이 힘들다고 느껴지지 않을뿐더러 훌륭한 성과를 거둘 수 있습니다."

한마디로 '좋아하는 마음'이야말로 가장 큰 동기부여가 되어주며 의욕이나 노력, 나아가서는 성공으로 가는 길도 전부 그 '좋아하는 마음'이 모체가 되어 생겨난다는 것이다. '좋아서 하는 일에서는 어떤 고생도 힘들게 느껴지지 않는다', '일을 좋아하면 자연스럽게 잘할 수 있게 된다' 같은 말도 있지 않은가.

일을 좋아하면 자연히 의욕이 솟구치고 더 노력하게 되어 빠르게 성공에 도달할 수 있다. 남들이 보기에는 무척 고생스러워 보여도 정작 좋아서 일을 하는 그 사람은 힘들기는커녕 즐겁기만 한 것이다.

나는 항상 일에 몰두하느라 집에 있는 시간이 무척 적었는데, 주위 사람들은 내 아내에게 "남편분은 대체 언제 집에 들어오세요?"라며 걱정하는 말을 건네곤 했다. 고향에 계신 부모님도 걸핏하면 "그렇게 일하다가는 건강을 잃을지도 모른다"라며 걱정스러운 충고의 편지를 보내왔다. 하지만 정작 자신은 아무렇지도 않았다. 좋아서 하는 일이니 그다지 피곤하지도, 고생스럽지도 않았던 것이다.

실제로 그만큼 일을 좋아하지 않으면 일에서 큰 성과를 이룰 수 없다. 어떤 분야에서든 성공하는 사람은 자신의 일에 푹 빠져 있는 사람이다. 일을 철저하게 좋아하는 것, 그것이 일을 통해 인생을 풍요롭게 만들어나가는 유일한 방법이다.

자신과 싸워 이겨야만
인생을 바꿀 수 있다

그런데 도저히 자신의 일을 좋아할 수 없다면 어떻게 해야 할까? 우선 열심히, 한결같은 마음으로 몰두해 보자. 그러면 고단한 가운데서도 차차 기쁨이 번지듯 생겨난다. '좋아하는 것'과 '몰두하는 것'은 마치 동전의 양면과 같아서 그 인과관계가 순환된다. 좋아하니까 몰두하게 되고, 몰두하는 동안에는 그것이 더 좋아진다. 그러므로 처음에는 다소 무리를 해도 좋으니, 우선 '나는 훌륭한 일을 하고 있다', '이 얼마나 좋은 직업인가' 같은 말을 마음속으로 되풀이하며 스스로에게 들려주자. 그러면 일에 대한 시각도 저절로 달라질 것이다.

어떤 일이라도 열심히 몰두하면 좋은 성과가 나오게 되어 있으며, 그러다 보면 차차 재미와 즐거움도 생겨난다. 재미를 느끼면 의욕이 더욱 솟아나고 거기서 더 큰 성과를 얻게 된다. 이러한 선순환이 일어나다 보면 어느새 일을 좋아하게 되었다는 사실을 깨달을 것이다.

앞서도 이야기했지만 내가 대학을 졸업한 직후 취직한 회사는 언제 망할지 모를 정도로 경영 상태가 좋지 않았다. 입사 동기들은 하나둘씩 회사를 그만두었고 그러다 보니 결국 나만 남아 있었다. 이직을 할 여력도, 방법도 없었던 나는 할 수 없이 '우선 눈앞에 주어진 일에 몰두해보자'고 마음먹었다. 그런데 그렇게 마음을 바꾸자마자 신기하게도 잇달아 연구 성과가 나타나는 게 아닌가. 당연히 연구가 점점 재미있게 느껴졌고, 더 큰 열의를 갖고 일에 매진하는 선순환이 일어났다.

그러니 행여 지금 하고 있는 일이 너무 싫더라도 조금만 더 애써보자. 각오를 단단히 하고 적극적인 자세로 일에 몰두하는 것이다. 그 노력이 인생을 바꾸는 계기가 될 수 있다.

이때 중요한 것은 자신을 이겨내는 일이다. 이기적인 욕망을 억제하고 자신에게 한없이 너그러워지려는 마음을 경계해야 한다. 그렇지 못하면 아무 일도 이룰 수 없음은 물론, 자신이 가진 능력을 한껏 발휘하지도 못한다.

착실하게 공부해 80점을 받은 사람이 있다고 하자. 반면 두뇌 회전이 빠르고 요령이 좋아 공부를 별로 하지 않아도 60점을 받은 사람이 있다. 후자는 전자를 보며 '저 녀석은 공부벌레니까 점수가 좋은 게 당연해. 내가 마음만 먹으면 저 녀석보다 훨씬 잘할 수 있어'라고 생각한다. 이들은 심지어 사회에 나와도 꾸준히 노력해 큰 성공을 이룬 사람을 보며 "저 녀석은 학창 시절에는 별 볼 일 없었어. 내가 훨씬 더 공부를 잘했다니까"라고 상대를 깎아내리며 자신의 능력을 과시한다.

'잠재 능력'만을 보면 그 말이 맞을지도 모른다. 하지만 '일에 임하는 자세'와 '열의' 역시 사람마다 상당히 달라서, 그 두 요소가 '인생의 방정식'에 따라 인생을 역전시키는 결과를 가져온다.

공부벌레들은 영화나 텔레비전 같은 유혹에 흔들리지 않고, 편한 방향으로 가려는 자신의 마음을 다잡아 이겨내고 곤경에 정면으로 맞붙어 싸운 사람이다. 사회에서 성공을 거머쥔 사람도 마찬가지이다. 그들은 놀고 싶은 마음을 자제하고 일에 매진해서 결실을 일궈낸 사람이다. 반면 그런 사람들을 어리석다고 깔보는 사람은 눈앞에 놓인 문제를 회피하고 태만하게 구는 자신의 모습을 성찰할 생각도 못 한 채 비딱하고 그릇된 태도로 상대방을 깎아내릴 뿐이다.

'사람의 진정한 능력'에는 이처럼 일에 우직하게 열중하는 극기심까지도 포함된다. 아무리 뛰어난 재능을 갖고 있어도 자신과의 싸움에서 번번이 패배해 편안한 길에만 안주한다면 결국 자신이 가진 능력을 십분 발휘하기는커녕 썩히는 결과만을 초래하게 된다.

인생이라는 길고 큰 무대에서 멋진 드라마를 연출하고 값진 성과를 내는 능력은 단순히 뇌세포의 주름 수에 따라 달라지는 것이 아니다. 우직할 만큼 진지하게 일에 몰두하고 정면으로 맞서 이겨내는 것이야말로 성공으로 가는 유일한 길이며, 우리가 매일 마음에 새겨야 할 원리 원칙이다.

매 순간마다 성실하고 진지한 마음으로 열심히 일하라. 너무 평범하게 들릴지도 모르지만 이 평범한 말에 인생의 진리가 담겨 있다.

복잡한 문제 앞에서는
원리 원칙으로 돌아가라

교세라에서는 직원끼리 혹은 부서끼리 "그렇지 않습니다", "그게 아니라 이렇게 하는 것이 맞습니다" 하고 기탄없이 의견을 주고받으며 마치 싸울 듯이 심각하게 일하는 모습을 자주 볼 수 있다. 가령 신제품의 납기나 가격을 둘러싸고 제조부에서 A라고 주장하면 영업부에서는 A가 아니라 B가 맞다고 반론한다.

내가 사장으로 일할 당시에는 그렇게 옥신각신하다가 도저히 결론이 나지 않으면 "그럼 사장님께 한번 여쭤보지요"라며 내게 최종 결재를 받으러 오곤 했다. 그래서 내가 양쪽의 의견을 다 듣고 나서 결론을 내려주면 그들은 금세 수긍하고는 언제 그렇게 흥분해서 격론을 벌였나 싶게 개운한 표정으로 돌아가는 것이었다.

이는 가장 높은 위치에 있는 사람의 의견이라서가 아니다. 인정이나 이해관계를 떠나서 냉정하게 접근하면 문제의 원인은 극히 단순할 때가 많은데, 내가 그 점을 찾아내 지적하고 해결책을 제시했기 때문이다.

부서마다 의견이 분분해 복잡한 양상을 보이는 문제도 엉킨 실타래를 풀어내듯이 하나하나 분해해 보면 문제를 일으킨 원인은 의외로 단순하고 사소한 데 있다. 반드시 소통이 필요한 사안인데 이를 생략했다거나 감사를 전하는 말 한마디가 부족했다거나 하는 이기적인 이유 때문에 생긴 문제가 비일비재하다. 나는 그러한 점을 잘 알고 있으며 '인간으로서 무엇이 올바른가'라는 본질로 돌아가 결론을 내기 때문에 결과적으로 모두 내 판단을 믿고 따르는 것이다.

적확하고 공정한 판단을 내리려면 무엇보다 객관적인 관점으로 사물을 바라봐야 한다. 그리고 사소한 가지와 잎에 현혹되지 말고 문제의 '뿌리'를 똑바로 볼 줄 알아야 한다. 이러한 관점에서 바라보면 회사 내에서 일어나는 문제는 물론이고, 크게는 국가 간의 분쟁부터 작게는 가정 내의 다툼에 이르기까지 당사자들이 각자의 생각만 주장하는 탓에 문제가 발생한다는 것을 알 수 있다.

복잡하게 얽혀 어려워 보이는 문제일수록 원점으로 돌아가 단순한 원리 원칙에 따라 판단하는 것이 중요하다. 포기하고 싶을 만큼 어려운 일에 직면했을 때도 사심 없는 관점으로 단순하고 명쾌한 원리를 기초로 해서 일의 옳고 그름을 판단하면 대부분 해결할 수 있다.

이나모리 재단의 부이사장직을 맡고 있는 세계적인 수학자 히로나카 헤이스케도 "복잡한 현상은 사실 단순한 것들이 투영된 결과에 불과합니다"라고 말한 적이 있다.

그가 이제껏 아무도 풀지 못한 난해한 수학 명제를 풀었을 때의 일이다. 수학을 포함해 자연과학에서는 문제를 요소별로 분해해 답을 구한다. 하지만 히로나카 선생은 이때 반대로 차원을 한 단계 높여서 답을 찾아냈다. 즉, 2차원의 문제를 3차원의 관점에서 바라보는 방법으로 명쾌한 해답을 도출해 낸 것이다. 그 비결을 물었을 때 히로나카 선생은 이를 다음과 같이 비유해 설명했다.

"신호등이 없는 평면 교차 사거리가 있다고 해봅시다. 신호등이 없으니 사방에서 자동차가 몰려 들어오면 커다란 혼란이 발생할 것입니다. 그대로 놔두면 혼잡하게 얽힌 상황을 해결할 수 없습니다. 하지만 그건 평면 교차라는 2차원의 세계에서만 해답을 구하려 하기 때문입니다. 여기에 '높이'라는 요소를 추가해 봅시다. 즉 '3차원'의 시점을 도입해 보는 것입니다. 평면에서 교차하는 게 아니라 입체로 교차한다면 신호등이 없어도 자동차들이 원활하게 지나다닐 수 있을 것입니다. 제 발상도 이와 똑같지요. 언뜻 복잡해 보이는 현상도 사실은 단순한 구조가 투영되어 나타난 결과일 때가 많거든요. 그래서 시점을 바꿔, 혹은 한 차원 더 높은 시점에서 문제를 재고해 보면 정말 명쾌하고 쉽게 답이 도출됩니다."

히로나카 선생이 말한 것처럼 사물을 단순화해서 본질을 파악하는 '차원 높은 시각'을 가져야 한다. 이 시각은 사심과 이기심, 이해관계와 집착에서 벗어나 공명정대하고 이타적인 마음을 가져야 얻을 수 있다.

단순하게 생각하면
보이는 것들

예전에 종군위안부 문제와 난징대학살 문제로 일본과 중국이 불협화음을 빚고 있을 때, 어떤 좌담회에서 '일본은 중국에 사죄해야 하는가?'라는 주제가 화두가 된 적이 있다. 내가 사과해야 한다는 의견을 말하자 동석했던 대학 교수는 아연실색한 표정을 지었다.

그는 한 국가가 다른 국가에 사죄하는 것은 중차대한 문제가 아닌 한 있을 수도 없으며, 절대 있어서는 안 되는 일이라고 반박했다. 국가로서의 권위를 잃는 일이며 국제법상으로도 불이익을 당할 수 있다는 이유에서였다.

물론 개인의 감정과 한 국가의 정치는 별개라는 주장은 나도 이해한다. 하지만 그렇더라도 예전에 일본이 다른 나라를 침략해 그 국토를 짓밟은 일은 역사적인 사실이므로 사과해야 할 일은 사과하는 것이 맞다. 나는 지금도 그 의견에는 변함이 없다.

폐를 끼친 상대에게 사과하는 것은 상식과 도리를 넘어, 또는 이익이나 체면을 챙기기 전에 인간으로서 해야할 보편적인 '올바름'이다. 지켜야 마땅한 규범이며 단순하지만 결코 흔들려서는 안 되는 원리 원칙이다. 그러므로 설령 사과함으로써 무언가를 잃을 수밖에 없다고 해도 지켜야 할 도리는 지켜야 한다.

그렇게 진지하고 성실한 태도를 보이면 상대에게도 통하는 법이다. 이를 달리 보면 중국과 한국이 일본의 사죄를 좀처럼 받아들이지 않는 까닭도, 사과해야 할 일을 순순히 사과하지 않고 사죄의 이면에 은근한 체면 차리기와 힘겨루기가 섞여 있기 때문이 아닐까? 그것이 나의 눈에는 원래 단순한 일을 복잡하게 만들어 오히려 문제를 뒤틀리게 하는 것으로 보인다.

이처럼 국제 분쟁이나 경제 마찰 같은 문제도 원점으로

돌아가 생각하면 쉽게 해결의 실마리를 찾을 수 있다. 뒤얽힌 문제일수록 원리 원칙과 순수한 발상을 토대로 판단하고 행동하라. 그것이 복잡한 '그림자'에 현혹되지 않고 시야를 넓혀 일의 본질과 진리에 곧장 다다르는 가장 좋은 방법이다.

국가 간의 경제 마찰 문제만 봐도 그렇다. 보통 무역 수지의 불균형 때문에 그러한 갈등이 발생하곤 하는데, 그 불균형의 근본적인 원인은 '국경'이 있기 때문이다. 나라마다 독자적인 정책을 시행하고 개별 통화를 보유하고 있기에 국가마다 무역 흑자나 적자가 발생해 경제 마찰이 일어나는 것이다. 사람도, 물건도 국경을 넘어 자유롭게 오가는 지금 같은 시대에 '국경'이 만들어낸 정책과 통화 차이가 벽이 되어 마찰이 생겨난다니, 글로벌화된 경제와는 한참 괴리된 일이다. 그렇다면 국경을 없애고 세계를 하나의 국가처럼 만들어 정책을 일원화하고 통화를 통합하면 문제가 해결되지 않을까.

그런 단순한 원리와 발상을 근거로 나는 예전에 '세계 연방정부 구상안'을 제안한 적이 있다. 그 취지는 전 세계의 국가와 민족이 국경을 허물고 하나의 공동체를 형성해서 사이좋게 조화를 이루며 발전해 가자는 것이었다. 나는 그러한 이상을 실현하기 위해 세계의 무국경화를 목적으로 하는 국제기관을 만들어 다양한 정책을 실행해 보자고 제안했다.

한마디로 국경이 없어진 경제에 발맞춰 '정치적으로도 국경 없는 세계를 만들자'는 대담한 구상이었다. 물론 이를 실제로 실현하기 위해서는 수많은 문제를 해결해야 하겠지만, 그럼에도 이 제안은 지나친 이상론도, 허황된 말도 아니라고 생각한다. 선진국 사이에서는 이미 어떤 경제 정책을 실행하든 서로 협조하지 않을 수 없게 되었으며 사실상 국가의 주권은 조금씩 제한되는 방향으로 나아가고 있기 때문이다.

EU(유럽연합)의 탄생은 이 세계연방정부의 선구적인 모습이다. 유럽은 하나의 공동체가 되어 각 국가마다 달랐던 정치와 경제 정책을 통합해 가는 추세이다. '유로'라는 단일 화폐가 생긴 것이 그 대표적인 상징이라고 할 수 있다. 그렇다면 이러한 움직임을 세계적인 규모로까지 확장시키는 일이 결코 불가능하지만은 않을 것이다.

국가의 개념을 없애면 각각의 국가가 갖고 있던 역사

와 문화도 소멸되는 게 아니냐고 비난하는 사람도 있을지 모른다. 하지만 인류는 그 국가의 역사 이상으로 오랜 길을 걸어왔으며 앞으로는 더욱 긴 세월을 살아나가야 한다. 다시 말해 우선 인간이 있고 그다음에 국가가 있는 것이지, 그 반대일 수는 없다. 게다가 국경을 없앤다고 해서 문화와 역사가 완전히 사라지는 것도 아니다.

지나치게 낙관적인 말이라고 비판받더라도, 이렇게 인간과 세계의 '이상적인 모습'을 최우선하는 이념과 행동이야말로 앞으로 세계가 더 바람직한 방향으로 걸어나가기 위해 꼭 필요할 것이다.

인간으로서
올바른 일을 하고 있는가

지금까지 인생의 모든 상황에서 원리 원칙에 따라 생각하고 행동하는 일의 중요성을 강조했다. 이는 외국인을 대할 때나 외국 기업과 교섭할 때도 굉장히 효과적이다. 그들은 대부분 인생과 일에 관해 확실한 철학을 갖고 있어서, 서로의 원리 원칙을 맞대고 자유롭게 논쟁을 벌일 수 있기 때문이다.

교세라가 아직 무명의 중소기업이었을 무렵부터 나는 자사 제품을 수출하기 위해 외국 기업과 적극적으로 교섭했다. 당시 일본은 미국의 기술을 도입해 쓰는 경우가 많았기 때문에, 미국의 제조사에서 우리 제품을 인정하고 사용한다면 일본 내에서도 높은 평가를 받을 것이고 자연히 수요가 높아지리라는 기대가 있었다.

그때 나는 영어도 제대로 할 줄 모르면서 무모하게 미국으로 건너가 직접 기업들을 돌아다니며 상담을 요청했다. 처음 미국에 갔을 때는 교섭 전날 일부러 시간을 내, 공단 주택에 살던 친구를 찾아가 당시로서는 낯설었던 서양식 화장실 사용법을 배웠던 기억이 난다. 미국에 가는 경험 자체가 극히 드물었으며 1달러에 360엔이나 하던 시절이었다.

그러나 한 달쯤 머무르면서 목표한 기업들을 찾아가 교섭을 시도해 봐도 한 번 만나보지도 못한 채 문전박대를 당하기 일쑤였다. 낯선 땅에서 낯선 문화와 관습에 갈팡질팡하면서 다리가 뻣뻣해지고 땀범벅이 되어도 돌아오는 것은 고작 '노NO'라는 대답과 허탈감뿐이었다. 이때의 고생과 괴로움은 지금도 어제 일처럼 생생하다. 그럼에도 나는 물러서지 않겠다는 결의를 다졌다. 그렇게 더욱 열의를 다해 교섭을 꾸준히 시도한 결과 마침내 성과가 나오기 시작했고 해외 거래도 차츰 늘어났다.

그 과정에서 외국, 특히 미국에서는 어떤 일을 판단하는 데 '리즈너블reasonable(타당한, 합리적인)'이라는 말이 자주 언급된다는 사실을 인식했다. 그런데 그 타당성과 합리성의 기준은 사회적인 관습이나 상식이 아니라, 그들 '자신'이 가진 원리 원칙과 가치관이었다. 미국인들은 저마다 자신의 신념에서 기인한 철학과 판단 기준을 가지고 있었던 것이다. 우리에게는 신선하고 인상적인 경험이었다.

이 배경에는 문화 차이가 있는 것 같다. 그 단적인 예가 법체제의 차이이다. 일본의 법률은 독일의 법률을 모델로 하기 때문에 기본적으로 성문법이다. 즉, 조문條文을 토대로 판단하므로 교조적으로 흐르기 쉽다는 단점이 있다. 그에 반해 미국은 판례법이어서, 조문에 그다지 얽매이지 않고 각각의 사례에 따라 당사자가 자신의 양식과 규칙에 비춰 정당성 여부를 판단하는 경향이 강하다.

그러한 문화를 지닌 국가에서는 나처럼 원리 원칙이 명확한 사고방식이 오히려 효과적으로 받아들여질 수 있다. 즉, 내가 원리 원칙에 비춰 정당하다고 판단하고 주장한 것에 대해서 "당신의 말에는 확실히 타당성이 있다"라고 인정하면, 외국인들은 전례나 기업 규모에 상관없이 조속히 의사 결정을 해주었다. 덕분에 매우 빠르게 교섭을 추진할 수 있었다.

항상 자신의 가슴에 손을 얹고 '인간으로서 올바른 일을 하고 있는가?'라고 스스로에게 물으며 그 질문을 판단 기준으로 삼으면 된다. 그것은 국경을 초월한 보편성을 지닌 기준이므로 문화적인 충돌이 다소 있더라도, 근본적으로는 그들도 반드시 이해해 줄 것이다.

샌디에이고에 있는 교세라 그룹의 북미 총괄회사를 경영하는 미국인은 교세라의 사보에 이렇게 썼다.

"국가나 민족에 따라 물론 문화 차이는 있습니다. 하지만 비즈니스에서의 철학이나 인생을 살아가는 데 필요한 기본 원칙은 결국 똑같습니다. 어느 나라에 사는 누구든 일에서 성과를 내려고 노력하는 것이나, 사회를 위해 좋은 일을 하고 싶어 하는 것은 마찬가지이지요. 이는 어떤 문화에서든, 어떤 종교에서든 진리이며 보편적인 것이니까요."

내가 하고 싶은 말을 대변해 준 글이었다. 한마디로 어떤 나라에서든 경영을 해나가려면 판단 기준으로 삼을 보편적인 철학이 필요하다는 뜻이다. 그 철학은 보편적일수록 효과가 크며 그러기 위해서는 '인간으로서 올바른' 윤리와 도덕관에 기인해야 한다. 여기에 국경은 없다. 인간으로서의 원리 원칙이란 국가나 세대를 초월한 인류 전체의 공통적인 가치 기준인 것이다.

3장

마음을 갈고닦아 인격을 높여라

요즘 사람들이 잃어버린 미덕 가운데 하나로 '겸
허함'을 들 수 있다. 겸허함이란 항상 공손하게 머
리를 낮추고 공적을 다른 사람에게 돌리는 태도,
자신의 능력이 두드러질 때도 스스로 자제하고 겸
손하고 차분하게 행동하는 자세, 서로 양보하고
배려하는 마음가짐을 뜻한다.

물론 살다 보면 자신의 주장을 확실히 드러내야
할 때도 당연히 있다. 그러나 우리가 지금 겸허함
으로 대표되는 '아름다운 마음'을 잃어가는 현상은
사회에 큰 손실이다. 이러한 현상이 점점 이 사회
를 살아가기 힘들게 만드는 요인 중 하나라고 여
기는 사람이 비단 나뿐만은 아닐 것이다.

그렇지만 겸허함을 항상 잊지 않고 사는 것은
평범한 사람들에게 분명 어려운 일이다. 이렇게 말
하는 나 역시도 때로는 교만한 마음이 슬그머니
고개를 들기도 한다.

나는 파인세라믹이라는, 거의 미개척이나 마찬

가지인 분야에서 수많은 신기술과 신제품을 개발하여 교세라라는 회사를 놀랄 만한 속도로 성장시켰다. KDDI 역시 경이로운 발전을 이루었다. 주변 사람들은 입을 모아 나를 칭찬하고 치켜세우곤했고, 화합 자리에서도 다들 나를 상석으로 안내했다. 연설을 부탁받는 일도 당연하게 받아들여졌다.

그러자 끊임없이 나 자신을 경계하고 있는데도 어느 순간부터 '그만큼 노력해서 실적을 쌓았으니이 정도 대우는 당연하다'는 자만심이 마음 한구석에 조금씩 비집고 들어오는 게 아닌가. 나는 어느새 우쭐해져 잘난 척하고 있는 나의 모습을 깨닫고는, 이러면 안 된다고 마음을 다잡으며 반성했다. 불문佛門에 든 몸인 나조차도 이런 미숙한 행동을 반복하고 있다.

내가 갖고 있는 능력과 맡고 있는 역할이 꼭 나의 소유물이라고는 할 수 없다. 다른 사람이 갖고있다고 해도 이상하지 않으며 불합리하지도 않다.

또한 지금까지 내가 이루어온 일도 사실 모두 다른 사람이 대신할 수도 있었다. 그것들은 전부 우연히 내게 주어진 일이며 나는 그 능력을 갈고닦으려고 노력했을 뿐이다. 어떤 사람의 어떤 재능이든 모두 하늘에게서 받은 것, 아니 빌린 것일 뿐이라고 생각한다.

따라서 아무리 뛰어난 능력도, 그 능력이 만들어낸 성과도 표면적으로는 내게 속해 있어도 사실 내 것이 아니다. 그러니 재능과 공적을 사유물로 여겨 우쭐해하거나 독점하지 말고 인류와 사회를 위해 사용해야 한다. 즉, 자신의 재능을 '공公'을 위해 사용하는 것을 첫 번째 의義로 여기고 '사私'를 위해 사용하는 것은 두 번째 의義로 여겨라. 나는 '겸허'라는 미덕의 본질이 거기에 있다고 믿는다.

리더에게는
무엇이 필요한가

오늘날에는 겸허의 정신이 점점 자취를 감추면서 자신의
재능을 사유물로 여기는 사람이 늘고 있다. 특히 조직이
나 사회에서 윗자리에 올라 다른 사람의 본보기가 되어야
할 리더들에게 그러한 경향이 두드러진다. 오랜 전통과
실적을 가진 대기업에서 조직의 규범과 윤리 체계를 뒤흔
드는 불상사가 속출함은 물론, 국민으로부터 공공 행정을
위임받아 국민의 혈세로 급여를 받는 관료들 중에도 자신
의 특권을 이용해 사리사욕을 채우는 사람이 있다.

대기업의 경영자, 임원, 관료 모두 남들보다 뛰어난 능

력을 부여받은 사람들이다. 그런데도 불상사나 부정부패, 비리가 끊이지 않는 까닭은 그들이 재능을 사유화해 쓰고 있기 때문이다. 자신의 재능을 하늘로부터 빌린 것이 아니라 자기 개인의 소유물이라고 여겨, 공익이 아닌 사리사욕을 채우는 데 쓴 것이다.

이미 여러 번 언급했지만 내가 생각한 '인생의 방정식'에 따르면 인생의 결과는 사고방식, 열의, 능력이라는 세 가지 요소를 곱해 나타나는 것이다.

사실 불미스러운 일을 일으킨 엘리트들의 면면을 보면 대부분이 뛰어난 능력과 뜨거운 열의, 사명감을 갖고 있다. 남들보다 훨씬 더 노력하는 인물이기도 하다. 하지만 인생의 방정식에서 가장 중요한 요소인 '사고방식'에 문제가 있었기 때문에 모처럼 부여받은 능력과 열의를 올바른 방향으로 발휘하지 못했고 도리어 잘못된 행동을 저질러 사회에 해를 끼친 것이다. 그뿐만 아니라 스스로 자신의 목을 조르는 결과마저 초래했다.

여기서 말하는 '사고방식'은 살아가는 자세, 즉 철학과 사상 그리고 윤리관 등을 가리키며 이를 모두 아울러 '인격'이라고 할 수 있다. 겸허라는 미덕도 여기에 포함된다. 인격이 좋지 않거나 비뚤어져 있다면 이는 사고방식이 '마이너스 점수'인 것이므로 아무리 재능과 열의가 뛰어나더라도 좋은 결과가 나타날 수 없다. 아니, 능력이 뛰어나고 열의가 강할수록 마이너스 수치는 더 높아질 테니 더 큰 실패를 가져올 수밖에 없다.

또한 오늘날 사회는 리더 개인의 자질보다도 '리더를 선택하는 방법' 자체에 문제가 있다고 보인다. 우리는 지금까지 인격보다도 지식이나 능력을 기준으로 조직의 리더를 선택해 왔기 때문이다. 인간성보다 능력, 게다가 시험의 결과에 불과한 학력을 중시하며 인재를 배치해 왔다. 공무원의 세계에서 시험 성적이 좋은 사람이 관청의 요직에 앉고 출세 코스를 밟는 것이 대표적인 사례이다.

그 배경에는 '경제성장 지상주의'가 자리하고 있다. 그로 인해 인격이라는 모호한 기준보다 성과로 직결되기 쉬운 요소인 능력과 지식을 중시해 리더를 선출해 왔다. 선거에서도 지역 사회의 이익을 유도하는 정치가를 선출하는 풍조가 만연해 있다. 이처럼 우리 사회는 덕이 부족하더라도 재능 있는 사람을 리더로 삼고 싶어 하는 경향을 좀처럼 떨쳐내지 못하고 있다.

예전에는 조금 더 멀리 돌아가야 하더라도 '대의를 생각하는 사고방식'이 중심을 이루었다. 일본 개화기의 정치가인 사이고 다카모리도 "덕이 높은 사람에게는 높은 지위를, 공적이 많은 사람에게는 보상을 주어야 한다"라는 말을 한 바 있다. 다시 말해 공적을 세운 사람에게는 돈으로 보상하면 되지만, 인격이 고결한 사람에게는 높은 지위를 맡겨야 한다는 뜻이다. 100년도 더 된 이야기이지만 오늘날에도 충분히 통용되는 보편적인 사고방식이다. 아니, 도덕이 붕괴되고 윤리가 상실된 현시대이기에 이 말의 의미를 한층 더 깊이 가슴에 새겨야 할 것이다.

사람의 위에 서려는 사람은 재능이나 지식보다 인격을 먼저 갖추어야 한다. 보통 사람들보다 뛰어난 재능을 가진 사람일수록 자신의 능력을 과신해 실패하는 일이 없도록 조심해야 하며, 타인에게는 없는 그 힘을 잘못된 방향으로 사용하지 않도록 조절해야 한다. 그것이 덕이고 인격이다. '덕'이라고 하면 시대에 뒤떨어진 고리타분한 말로 인식하는 사람도 있을지 모르지만, 인격을 도야하는 데는 구식, 신식이 따로 없는 법이다.

중국 명나라의 사상가 여신오도 저서 『신음어呻吟語』에

이런 말을 남겼다.

"침착하고 깊은 인품은 최고의 자질이고, 사소한 형식에 얽매이지 않는 넓은 도량은 두 번째 자질이며, 명석하고 뛰어난 언변은 세 번째 자질이다."

이 세 가지 자질은 각각 순서대로 인격, 용기, 능력이라고 바꿔 말할 수 있다. 다시 말해 여신오는 다른 사람들의 위에 서는 지도자라면 이 세 가지 요소를 겸비해야 하는데, 만약 순서를 매긴다면 첫째가 인격, 둘째가 용기, 그리고 셋째가 능력이라고 강조한 것이다.

항상 자신을 성찰하고
인격을 수양하라

전후戰後 일본은 세 번째 자질을 중시하여 주로 명석하고 언변이 좋은 인물을 리더로 등용했다. 재능이 뛰어나고 지식이 풍부하며 언변도 능숙한 실리·실용형 인물을 중용한 것이다. 그렇다고 해서 너그러운 인품과 덕을 경시한 것은 아니었지만, 그다지 중요하게 여기지도 않았다. 그래서 리더의 그릇이 아닌 인물, 즉 재능 말고는 내적인 규범과 윤리 기준을 전혀 갖추지 못해 인간적인 덕망이 깊지 않은 인물이 지도자 자리에 오르는 일도 빈번했다. 근래 자주 발생하는 조직의 불상사, 더 넓게 보자면 현대 사회에 일어나는 도덕적 해이 역시 이러한 요인에서 기인한 문제라고 생각할 수밖에 없다.

불상사를 일으킨 조직의 대표자가 기자회견을 하는 모습을 종종 보는데, 그때의 태도에서도 지도자로서 지녀야 할 깊고 중후한 인격을 조금도 느낄 수 없다. '있어서는 안 되는 일', '재발 방지에 힘쓰겠다' 같은 상투적인 말이나 늘어놓으며 준비된 원고를 단조롭게 읽어 내려가는 모습을 보고 있노라면 교조적인 느낌밖에 들지 않는다. 책임자로서의 진지함이나 성실함은 좀처럼 찾아볼 수 없다.

그저 당황해서 상황을 얼버무리거나 책임을 회피할 뿐이다. 자신의 책임을 인정하되 설명해야 할 부분은 설명하고, 바로잡을 일은 바로잡겠다는 책임감 있는 태도가 전혀 보이지 않는다. 그러니 사태에 확실하게 대처하려는 진실성 역시 느껴지지 않는 것이다. 확고한 신념과 철학은 물론이고 사태의 선악과 시비를 구별할 기준조차 갖추지 못했다는 느낌을 지울 수가 없다. 사회의 리더로 불리는 사람들의 행동이 이러하다면 요즘 아이들이 어른을 존경하지도, 믿으려 하지도 않는 현상이 무리도 아니라는 생각이 든다.

사람들의 위에 서서 이끌어가야 하는 리더에게는 재능과 언변이 아니라 명확한 철학에 근거한 깊은 인품이 필요하다. 이는 곧 겸허한 마음가짐과 자신을 성찰하는 자세, 자신을 다스리는 극기심, 정의를 중시하는 용기, 그리고 자신을 끊임없이 갈고닦는 자비심을 뜻한다. 한마디로 '인간으로서 올바른 삶의 방식'을 명심하며 살아가는 사람이 리더가 되어야 한다는 것이다.

이는 중국 고전에서도 경계하는 '위僞', '사私', '방放', '사奢'의 네 가지 번뇌에서 벗어난 삶이라고 할 수 있다. 즉, 위선과 사심이 있어서는 안 되며, 절제할 줄 알아야 하고, 물욕에 빠져 타락해서도 안 된다. 그렇게 고결한 삶을 살 수 있도록 스스로를 채찍질하는 자세가 바로 다른 사람의 윗자리에 서는 사람의 의무이며 '노블레스 오블리주'라 할 수 있다.

인간으로서 올바르게 살아가야 한다는 지침은 초등학교 도덕 시간에나 배우는 것이라며 비웃는 사람이 있을지도 모른다. 하지만 초등학생 때 배운 이 기본적인 가르침을 우리 어른들이 제대로 이행하지 못했기에 오늘날 이렇게까지 사회의 가치관이 흔들리고 사람의 마음이 황폐해진 것이다. 지금 아이들에게 당당히 도덕을 논할 수 있는 어른이 얼마나 될까? "이건 해서는 안 되는 일이다", "저건 이렇게 해야 한다"라고 명확하게 규범을 제시하고 윤리를 가르쳐줄 수 있는 식견과 정신, 인품을 갖춘 인물이 과연 얼마나 있는지를 생각하면 나는 부끄러움을 금할 길이 없다.

올바르게 살아가는 것은 결코 어려운 일이 아니다. 지금이야말로 어린 시절 부모에게 배운 지극히 당연한 도덕, 이를테면 '거짓말하지 말라', '정직해라', '남을 속이지 마라', '욕심이 과하면 안 된다' 같은 당연한 규범들을 마음에 되새기고 확실히 준수해야 할 때이다.

마음을 수양하기 위한
여섯 가지 정진

마음을 수양하고 인격을 높이는 일은 비단 리더만의 몫이 아니다. 마음을 옳은 방향으로 연마하여 재능만 뛰어난 게 아니라 인격이 높은 사람, 똑똑하기만 한 게 아니라 올바른 사람이 되어야 한다는 것은 어느 누구에게나 주어진 똑같은 과제이다. 그것이 살아가는 목적이며, 인생을 사는 의의 그 자체라고 해도 좋다. 우리의 인생은 인간성을 함양하기 위한 과정이기 때문이다.

마음을 수양한다는 것은 과연 무엇일까? 이는 결코 깨달음의 경지, 더할 수 없이 높은 선의 경지에 도달해야만 한다는 이야기가 아니다. 그저 태어났을 때보다 조금이라도 더 아름다운 마음을 갖고 죽는 것이 아닐까.

즉, 태어났을 때보다 죽을 때의 혼이 조금은 더 진보한, 조금은 더 마음이 연마된 상태면 된다는 것이다. 제멋대로이고 감정적인 자아를 제어하고 마음을 평온하게 하며 배려심이 싹터 조금이나마 이타의 마음이 생겨나는 상태이다. 그렇게 아름다운 마음이 될 수 있도록 자신의 타고난 마음을 변화시켜 가는 일이야말로 우리가 살아가는 목적이다.

길고도 오랜 역사를 가진 우주의 관점에서 보면 인생이란 그저 한순간 반짝였다 사라지는 찰나에 불과할지도 모른다. 하지만 그렇기에 더욱, 한순간에 지나지 않는 생의 시작보다는 마지막의 가치를 높이는 데 우리 인생의 의의와 목적이 있는 것이다. 그리고 나는 그렇게 되고자 노력하는 과정 자체에 인간의 존엄성과 삶의 본질이 있다고 믿는다.

다양한 고통을 맛보고 슬픔과 괴로움에 버거워하면서도 살아가는 것의 기쁨과 즐거움을 알고 행복을 얻을 수 있다. 그 과정을 수없이 반복하며 단 한 번뿐인 현세의 삶을 열심히 살아가라. 그 체험과 과정을 연마제로 삼아 자신의 마음을 갈고닦아 인생을 시작했을 무렵보다 마무리할 때의 혼이 조금이라도 더 높아질 수 있다면 그것만으로도 우리의 인생은 충분히 가치가 있다.

그렇다면 과연 어떻게 해야 마음을 성장시키고 영혼을 갈고닦을 수 있을까? 산의 정상에 이르는 경로가 360도에 걸쳐 거의 무한하게 존재하듯이, 그 방법과 과정은 무척이나 다양하다.

나는 삶의 경험을 통해 마음을 연마하는 지침으로서 다음의 여섯 가지 '정진'이 중요하다는 것을 깊이 배우고 주변 사람들에게도 설파했다.

① 누구에게도 지지 않을 정도로 노력하라

남들보다 많이 연구하고 한결같이 지속하라. 불평불만을 늘어놓을 겨를이 있다면 1센티미터라도 앞으로 나아가고 향상될 수 있도록 노력하라.

② 교만하지 말고 겸허하라

중국 고전에도 "겸손한 자세는 이익을 가져온다"라는

구절이 있다. 겸허한 마음이 행복을 부르고 영혼을 정화
시킨다.

③ 매일 자신을 돌아보고 반성하라

날마다 자신의 행동과 마음가짐을 점검하며 이기적으
로 생각하지는 않았는지, 비겁한 행동을 하지는 않았는지
스스로 돌아보고 경계하며 개선하기 위해 노력하라.

④ 살아 있다는 데 감사하라

살아 있는 것만으로 행복하다고 생각하고 아무리 사소
한 일에도 감사하는 마음을 지녀라.

⑤ 다른 사람을 위해 선행을 쌓아라

"선행을 쌓는 집에 좋은 일이 생긴다"라는 말이 있다.
선을 행하고 다른 사람을 이롭게 하는 배려 깊은 언동을
하도록 명심하라. 그런 선행을 쌓은 사람에게는 반드시
좋은 보답이 있을 것이다.

⑥ 감성적인 고민을 하지 마라

끊임없이 불평하고 쓸데없는 걱정에 사로잡히거나 속 태우며 고민하지 마라. 그보다는 후회하지 않을 만큼 전심전력을 다해 일에 몰두하라.

나는 이 지침들을 '여섯 가지 정진'으로 마음에 항상 새겨두고 실천하려 노력하고 있다. 글로 쓰고 보면 너무 평범하게 느껴질 만큼 당연한 내용이지만, 이 마음가짐이 하루하루의 생활에 녹아들 수 있도록 조금씩이라도 좋으니 착실하게 실천하라. 거창한 교훈을 액자에 써 붙여 놓는 것보다 극히 평범한 교훈일지라도 평소에 생활하면서 실천하는 것이 중요하다.

비밀 염불에서 배운
감사의 마음

오늘날은 물질적으로 풍요로워진 반면, 마음의 빈곤과 정신의 공허함은 점점 커지고 있다. 그 가운데서도 특히 앞서 '여섯 가지 정진'에서도 언급한 '감사'의 마음이 점점 희박해지는 듯하다. 물건이 넘쳐나고 풍요로운 시대이기에 더욱더 '만족할 줄 아는 마음'과 그에 감사하는 마음을 다시 한번 돌이켜봐야 한다.

내가 아직 젊고 사회도 가난했던 시절, 인생을 살아가는 데 가장 중요하다고 믿고 실천하고자 했던 가치관은 단연 '성실'이었다. 인생에도, 일에도 성실히 임해야 하

며 적당히 때우지 말고 착실한 자세로 열심히 일해야 한
다는 가치관은 가난한 시절을 살아온 사람들에게는 특별
하거나 이상하지 않았다. 당시로서는 몸과 마음에 자연
히 배어들었던 습성이자 미덕이었다.

이윽고 고도의 성장기를 맞이해 사회가 풍요롭고 안정
되면서 교세라도 안정적인 궤도에 올라 규모가 커졌다.
그때 내 마음속에 크게 자리 잡은 신념이 '감사'였다. 성
실하게 노력한 보답으로 얻은 풍요로운 결실에 절로 감사
의 마음이 솟아났다. 그런 체험을 반복하는 동안 '감사'는
나의 내면에 차츰 당연하게 실천해야 할 생활의 덕목으로
자리 잡았다. 자신을 되돌아보면 이 '감사하는 마음'은 내
도덕관의 근간에 수맥처럼 흐르고 있는데, 거기에는 다음
과 같은 어릴 때의 체험이 깊이 작용하고 있다.

나의 본가는 가고시마에 있다. 내가 아직 네다섯 살밖
에 되지 않았을 때, 아버지의 손에 이끌려 '비밀 염불 의
식'에 따라간 적이 있다. 비밀 염불이란 에도시대에 잇코
슈(일본 불교의 종파 중 하나)가 탄압받을 때에도 신앙이 두터
운 사람들이 남몰래 지켜온 종교적 관습으로, 내가 어렸

을 때까지도 그런 풍습이 남아 있었던 듯하다. 그때 나는 해가 진 후, 다른 가족들과 함께 산길을 올랐다. 세상이 온통 새카만 가운데 오직 제등의 불빛에만 의지하는 산행이었다. 모두 아무 말이 없었고, 두렵고도 신비로운 상념에 젖어 어린 나도 필사적으로 아버지 뒤를 쫓아갔다.

이윽고 다다른 산속에는 집 한 채가 있었다. 안으로 들어가자 붙박이 벽장 안에 멋있는 불단이 놓여 있고 그 앞에서 법의를 입은 스님이 불경을 읊고 있었다. 집 안 역시 작은 촛불 몇 개가 켜져 있었을 뿐 바깥과 그다지 다를 바 없이 매우 어두웠다. 우리는 그 어둠에 녹아들 듯이 각자 자리를 잡고 앉았다. 아이들은 스님 뒤에 정좌를 하고 앉아 조용히 낮은 목소리로 계속되는 염불 소리를 들었다. 스님의 독경이 끝나자 한 사람씩 불단 앞으로 나가 향을 올리고 절을 했다.

그때 스님이 아이들에게 짧은 말을 건네주었는데, 어떤 아이들에게는 또 한 번 오라고 말한 스님이 내 차례가 되자 이렇게 말씀하셨다.

"너는 이제 오지 않아도 된다. 오늘 참배로 다 되었느니라. 앞으로는 매일 '정말, 정말 고맙습니다!' 하고 부처님에게 감사를 드리거라. 너는 살아가는 동안 이렇게만 하면 되느니라."

그러더니 아버지에게도 이 아이는 더 이상 데려오지 않아도 된다고 말했다. 어린 내게는 스님의 이 말이 무슨 시험의 합격 통지처럼 인정받은 기분이 들어 자랑스럽고 기뻤던 기억이 난다. 내게는 처음이라고 할 수 있는 인상 깊은 종교 체험이었고, 이때 배운 '감사하는 마음'의 중요성은 평생 내 마음의 원형原型이 되었다.

실제로 나는 지금까지도 무슨 일을 할 때든 "정말, 정말 감사합니다"라는 감사의 말을 무의식중에 되뇐다. 때로는 스님의 말이 문득 귓가에 들려오는 것 같기도 하다. 유럽의 성당을 방문했을 때도 그 장엄한 분위기에 숙연해져서 나도 모르게 그 말을 읊조렸을 만큼 이 한마디는 '기도'의 말로 자리 잡았으며, '마음의 말버릇'으로 가슴 깊이 스며들었다.

정말, 정말
감사합니다

"정말, 정말 감사합니다."

이는 아이들도 쉽게 기억할 수 있는 기도의 말이다. 그 말은 내 신앙심의 원형이 되었으며 내 안에 감사하는 마음을 기르는 계기가 되기도 했다. 나는 언제나 이 말을 되뇜으로써 누구에게든지, 또한 어떤 일을 하든지 좋을 때는 물론이고 나쁠 때도 감사하는 마음을 쌓으면서 가능한 한 올바르게 살아가려고 노력해 왔다.

인생에서 행복과 불행은 마치 꼬아놓은 새끼줄처럼 번

갈아 찾아온다고 한다. 다시 말해 인생이란 좋은 일과 나쁜 일이 실처럼 엮여서 일어나는 것이니 좋은 일에도 나쁜 일에도, 맑은 날에도 흐린 날에도 항상 감사하는 마음을 품고 살아가야 한다.

복이 찾아왔을 때만이 아니라 재난을 만났을 때도 역시 감사하라. 애초에 내가 살아갈 수 있고, 나를 살게 해준 모든 일에 감사하는 마음을 품어야 한다. 그 실천이 인간의 마음을 고양시키고 운명을 밝히는 첫걸음이다.

하지만 말하기는 쉬워도 행동으로 옮기는 일은 늘 어려운 법이다. 화창한 날에도 비 오는 날에도 언제나 감사의 마음을 잊지 않기란 평범한 인간으로서는 매우 어렵다. 재난을 당한 상황에서 "이 또한 수행이니 감사하라"라는 말을 들은들 실제로 그렇게 생각하기는 결코 쉽지 않을 것이다. 오히려 왜 나만 이런 일을 당해야 하느냐고, 원망하고 한탄하게 되는 것이 인간의 본성이다.

그렇다고 해서 일이 순탄하게 돌아가거나 행운을 만났을 때는 가만히 있어도 저절로 감사의 마음이 생길까? 결코 그렇지 않다. 좋으면 좋은 대로 그것을 당연하게 생각한다. 그뿐만 아니라 '더, 더' 하고 욕심을 낸다. 어느새 감사의 마음을 잊어버린 탓에 서서히 스스로를 행복에서 멀어지게 만드는 것이다.

따라서 무슨 일이 있어도 감사하는 마음을 지녀야 한다고 이성적으로 인식하며 살아야 한다. 마음에서 감사가 우러나지 않아도 어쨌든 항상 감사의 마음을 갖추어두어라. 언제든 "감사합니다"라고 말할 수 있는 마음을 항상 준비해 두는 자세가 필요하다.

곤경이 닥치면 성장할 기회를 줘서 고맙다고 감사하고, 행운이 찾아왔다면 한층 더 고맙고 황송하다고 감사하라. 그렇게 모든 것을 감사하게 받아들일 수 있는 마음을 항상 의식적으로 준비해 두자.

물론 감사하는 마음은 만족에서 생겨나기 마련이며 불만족에서 생겨나지 않는다. 하지만 만족과 불만족은 과연 무엇이란 말인가? 단순히 많은 것을 얻으면 만족스럽고, 적으면 불만족스러운 것일까? 물질적으로는 그럴지도 모른다.

하지만 같은 것을 얻어도 만족을 느끼는 사람이 있는 반면, 마음에 차지 않아 언짢아하는 사람도 있다. 적거나 작은 것에도 금세 만족하는 사람이 있는가 하면 아무리 많은 것을 얻어도 만족할 줄 모르는 사람이 있다. 끊임없이 불평불만을 하는 사람도 있고, 무엇이 주어지든 만족하는 사람도 있다. 그러므로 어디까지나 마음의 문제이다. 물질적으로 어떠한 조건에 있든 감사하는 마음을 갖는다면, 그 사람은 충만한 만족감을 맛보며 살아갈 수 있을 터이다.

귀와 눈을
쉬지 않고 일하게 하라

감사하는 마음이 행복의 마중물이라면 겸허하고 순순히 받아들이는 마음은 진보의 원천일지도 모른다. 자신의 귀에 거슬리는 말이라도 겸허한 마음으로 듣고, 고쳐야 할 점이 있다면 내일로 미루지 말고 당장 오늘부터 고쳐야 한다. 그렇게 순순히 수용하는 마음이 인간의 능력을 키우고 마음을 성장시킨다.

이 솔직하고 순수한 마음이 얼마나 중요한지를 강조한 인물이 파나소닉의 창업자인 마쓰시타 고노스케였다. 마쓰시타 회장은 타인에게 배워 자신을 성장시키려는 자세를 평생 흐트러뜨리지 않았다. 심지어 '경영의 신'이라고 불리며 존경받게 된 후에도 이런 마음가짐을 잊지 않고 지켜나갔다는 것이 마쓰시타 회장의 가장 위대한 점이다.

물론 이 순순한 마음은 오른쪽을 돌아보라고 하면 그저 오른쪽을 돌아보는 식의 '순종'을 뜻하지 않는다. 순순한 마음이란 자신의 한계를 인정하고 그 자리에서 노력을 아끼지 않는 겸허한 자세를 일컫는다. 다른 사람의 의견을 받아들이는 큰 귀, 자기 자신을 제대로 바라보는 냉정한 눈을 갖추고 그 귀와 눈이 쉬지 않고 작동하도록 하는 것이다.

나는 아직 신참 연구원이던 시절에 열심히 연구하고 실험에 몰두해서 생각한 결과가 나오면 "해냈어!" 하고 펄쩍 뛰어오르며 그 기쁨을 온몸으로 표현하곤 했다. 그런데 당시 내 연구 보조로 일하던 청년은 그런 나를 언제나 냉담하게 바라보았다. 어느 날 내가 기뻐서 어쩔 줄 몰라 하며 그 청년에게 "자네도 마음껏 기뻐해" 하고 말했더니 그는 흥미 없다는 듯한 표정으로 나를 힐끗 쳐다보면서 "선배님은 참 가벼우시군요"라는 말을 툭 던지는 것이 아닌가. 그러고는 이렇게 덧붙였다.

"항상 별것 아닌 일로 '해냈어, 해냈어' 하면서 기뻐하시던데, 사실 사람이 뛸 듯이 기뻐할 일이란 평생에 한두 번 있을까 말까 한 일이에요. 매번 그리 호들갑스럽게 굴면 경박스러워 보일 뿐입니다."

그 말을 들은 순간 나는 냉수를 뒤집어쓴 것만 같았다. 하지만 바로 마음을 다잡고 이렇게 말했다.

"자네의 말에도 일리는 있지만, 성과가 나오면 그것이 사소한 일일지라도 솔직하게 기뻐하는 것이 좋지 않겠나? 좀 경박해 보일지는 몰라도 꾸밈없이 기뻐하고 감사하는 마음, 그런 마음가짐이 단조로운 연구나 사소한 업무를 계속해 나갈 수 있는 에너지가 되는 거지."

변명하듯 내놓은 말이었지만 이 말에는 내 인생의 지침과 철학이 명쾌하게 담겨 있었다. 아무리 사소한 일이라도 항상 기뻐하는 마음과 감사하는 마음을 지니고 순수하게 마주해야 한다. 나는 그 중요성을 의도치 않게 그 청년에게 알려준 것이다.

순수함이란 날마다 반성하고 마음을 연마하기 위해 잊지 말아야 할 실천이며 솔직한 마음의 산물이다. 인간에게는 아무리 겸허하려고 노력해도 무심결에 아는 척을 하거나 잘난 척을 하는 면이 있다. 교만, 거만, 자만, 부덕, 실수 같은 잘못된 언동을 깨달았을 때는 반성하는 기회를 갖고, 자신을 지키는 규범을 새롭게 정비하며 스스로를 다잡아야 한다. 그렇게 날마다 자신을 돌아보고 성찰하는 사람이야말로 높은 인격을 길러나갈 수 있다.

"신이시여, 죄송합니다."

나는 실제로 이렇게 소리 내어 반성할 때가 있다. 약간 거만하게 행동했다거나 상대에게 오지랖 넓은 말을 했다 싶은 날에는 집으로 돌아가서 "신이시여, 아까 그런 태도를 취하다니 제가 잘못했습니다. 용서해 주십시오" 하고 소리 내어 반성하며 그런 일이 또 생기지 않도록 스스로를 다잡는다.

어린아이처럼 큰 목소리로 외치기 때문에 남들이 보면 '정신이 잘못된 것 아닌가' 하고 오해할지도 모른다. 그래서 혼자 있는 시간을 기다려 순수한 마음으로 나 자신을 돌아보고 경계를 게을리하지 않는다. 그리고 내일부터는 다시 '인생을 배우는 학생'의 마음가짐으로 겸허한 자세를 되찾겠다고 다짐한다. "신이시여, 죄송합니다"와 "정말, 정말 고맙습니다"는 모두 내 말버릇이다. 즉, 감사와 반성의 마음을 이 짧은 한마디로 표현해 나 자신을 다스리기 위한 단순하고도 명쾌한 지침으로 삼고 있다.

톨스토이가 감탄한
인간의 욕심에 관한 설화

감사하는 마음과 솔직한 반성 외에 과도한 '욕심'을 떨쳐
내는 것도 우리의 인격을 높이는 데 필요한 조건이다. 탐
욕은 실로 골치 아픈 것으로, 인간의 마음속 깊이 단단히
자리 잡아 심신을 침식하여 우리가 잘못된 길을 살아가게
만드는 '독'이다.

석가모니는 탐욕에 사로잡히기 쉬운 인간의 참모습을
다음과 같은 비유로 설명했다. 다소 긴 이야기지만 함께
살펴보자.

가을이 깊어가던 어느 날, 찬바람 부는 으스스한 풍경 속에서 한 나그네가 발걸음을 서둘러 집으로 돌아가고 있었다. 문득 발밑에 하얀 무언가가 잔뜩 떨어져 있는 것이 보였다. 자세히 들여다보니 사람의 뼈였다. 왜 이런 곳에 사람의 뼈가 있는 것인지, 께름칙하고 이상한 생각이 들어 오싹했지만 그대로 걸어나갔다. 그런데 얼마 안 가 커다란 호랑이 한 마리가 으르렁거리며 다가오는 것이다.

'그렇구나, 아까 그 뼈는 이 호랑이에게 잡아먹힌 가엾은 중생의 말로였구나!'

소스라치게 놀란 나그네는 급하게 발길을 돌려 오던 길로 냅다 달아났다. 하지만 길을 잘못 들었는지 가파른 절벽을 만나고 말았다. 절벽 아래에는 성난 파도가 소용돌이치는 바다가 펼쳐져 있었고 뒤에서는 호랑이가 쫓아오고 있었다. 진퇴양난에 놓인 나그네는 벼랑 끝에 있는 소나무 위로 기어 올라갔다. 하지만 호랑이도 무서운 기세로 커다란 발톱을 세우고는 소나무를 오르기 시작했다. 이번에야말로 끝인가 하고 체념하려던 순간, 구사일생으로 눈앞에 있는 가지에 나무 넝쿨이 늘어져 있는 것을 발견했다. 나그네는 곧바로 넝쿨을 타고 아래로 내려갔지만 나무 넝쿨은 도중에 끊어졌고, 나그네는 허공에 대롱대롱 매달리고 말았다.

위쪽에서는 호랑이가 입맛을 쩝쩝 다시며 노려보고 있었고, 아래쪽을 내려다보니 집어삼킬 듯한 바다에 각각 빨강, 검정, 파랑 색깔을 띤 용 세 마리가 당장이라도 떨어질 것 같은 인간을 기다리고 있었다. 그런데 위쪽에서 으드득으드득 소리가 들리는 것이 아닌가. 나그네의 눈에 나무 넝쿨의 뿌리를 번갈아 갉아먹는 흰 쥐와 검은 쥐가 보였다. 이대로라면 얼마 못 가 넝쿨은 쥐의 이빨에 끊어지고, 나그네는 입을 쩍 벌리고 있는 용에게로 떨어질 터였다.

그야말로 사방이 다 막힌 가운데, 나그네는 어떻게든 쥐를 쫓으려고 넝쿨을 흔들어보았다. 그러자 무언가 미적지근한 것이 뺨에 떨어졌다. 핥아보니 달콤한 벌꿀이었다. 넝쿨 뿌리 쪽에 벌집이 있어 흔들 때마다 꿀이 떨어졌던 것이다. 나그네는 순식간에 그 감미로운 꿀맛에 빠져버렸다. 그 바람에 지금 자신이 호랑이와 용 사이에 갇힌 채 궁지에 몰려 있으며, 생명줄이라고는 나무 넝쿨 하나뿐인데 그조차도 쥐가 갉아먹고 있어 그야말로 절체절명의 상황에 처해 있다는 사실조차 까맣게 잊어버렸다. 나그네는 하나 남은 생명줄을 흔들어대며 달콤한 꿀을 맛보는 데 그만 넋을 잃고 말았다.

　석가모니는 이 모습이 바로 욕망에 사로잡혀 있는 인간의 실상이라고 설명했다. 생명을 잃을 수도 있는 심각한 위기 상황에 몰렸는데도 달콤한 꿀맛에 취해 있는 어리석음이 우리 인간의 어쩔 수 없는 본성임을 지적한 것이다. 러시아의 문호 톨스토이는 이 이야기를 접하고는 "이만큼 인간의 과욕을 정확하게 표현한 이야기는 없다"라며 감탄했다고 한다. 확실히 인간이 살아가는 모습, 그리고 인간이 지닌 깊은 욕망의 실체를 비유해 이보다 더 잘 표현한 이야기는 없으리라.

　이 이야기에서 호랑이는 죽음과 질병을 상징하며 소나무는 이 세상에서의 지위와 재산, 그리고 명예를 나타낸다. 흰 쥐와 검은 쥐는 각각 낮과 밤, 즉 시간의 경과를 상징한다. 끊임없이 죽음의 공포에 쫓기고 두려워하면서도 어떻게든 살려고 생에 매달리지만, 그 생이란 한 줄기 넝쿨처럼 약하기 그지없다.

넝쿨은 시간이 지날수록 닳아 없어질 것이다. 우리도 역시 해가 거듭될수록 그동안 도망쳐 왔던 죽음에 가까워져 간다. 그런데도 그토록 두려워하는 죽음이 다가오는 것도 잊은 채 생명을 제 손으로 단축시키면서까지 꿀을 탐한다. 인간은 이렇게 한심스러울 만큼 잠시도 욕망을 끊지 못하는 존재이다. 석가모니는 이 모습이야말로 인간의 적나라한 실상이라고 지적하고 있다.

인간을 망치는 독을
어떻게 떨쳐낼 것인가

벌꿀은 인간의 욕망을 채워주는 다양한 쾌락이며, 인간이 떨어지기만을 기다리고 있는 용은 인간의 마음이 만들어낸 추악한 사념과 욕망을 그대로 투영하고 있다. 검은 용은 욕망, 빨간 용은 분노, 그리고 파란 용은 시기와 질투, 원한 같은 어리석음을 상징한다. 불교에서는 이 세 가지 번뇌를 가리켜 '삼독三毒'이라고 한다. 용 세 마리는 삼독을 뜻하며 석가모니는 이 세 가지가 인생을 망치는 요소라고 강조했다.

욕망, 분노, 어리석음의 삼독은 백팔번뇌 중에서도 특

히 인간을 고통스럽게 하는 원흉이며, 벗어나려고 해도 도통 벗어날 수가 없어 인간의 마음에 달라붙어 떨어지지 않는 독소이다. 인간은 어쩔 수 없이 이 삼독에 사로잡혀 세월을 보내는 생물이다. 남들보다 윤택한 생활을 하고 싶은 물욕, 빨리 출세하고 싶은 명예욕은 어느 누구의 마음에든 숨어 있다. 그러면서 그 욕구가 이루어지지 않으면 왜 생각대로 되지 않느냐고 노여워하고, 그것을 손에 넣은 사람에게 질투심을 품는다. 대부분의 사람이 이런 욕망에 사로잡혀서 휘둘리며 살아간다.

이는 어린아이나 아기도 별반 다를 것이 없어서, 내 손자들도 그중 한 명을 유달리 귀여워하면 다른 한 명이 금세 질투하는 기색을 보인다. 두세 살이면 이미 인간이 가진 번뇌의 독에 빠지는 것이다. 물론 욕망이나 번뇌는 인간이 생존해 나가는 데 필요한 에너지이기도 하므로 무조건 나쁘다고 치부할 수는 없다. 하지만 동시에 인간을 끊임없이 괴롭히고 인생을 헛되게 하는 맹독이기도 하다.

생각해 보면 인간은 얼마나 불행한 운명을 타고난 생물인가. 생존에 꼭 필요한 에너지가 반대로 자신을 불행하게 하고, 종래에는 멸망시키는 독이 되기도 하니 말이다. 그러므로 중요한 것은 가능한 한 욕심에서 멀어지는 일이다. 이 세 가지 독을 완전히 없애지는 못하더라도 스스로 조절하고 억제하도록 노력해야 한다. 이 방법에 지름길은 없다. 지금까지 계속 강조했듯이 모든 일에 성실하게 임하되 감사하는 마음을 갖고, 반성을 통한 '쉬운 수행'을 평상시에 꾸준히 해나가라. 또한 일상에서 매사 이성적으로 판단하는 습관을 들이는 것이 좋다.

우리는 날마다 여러 가지 일에서 수많은 결정을 해야하는 상황에 마주친다. 그럴 때 순간적으로 내린 판단은 대부분이 본능, 즉 욕망이 내놓은 답이다. 따라서 상대에게 대답하기 전에 최초의 판단을 일단 보류하고 한 호흡을 내쉬며 잠깐 기다려라. 그리고 그 답이 내 욕심에서 나온 것은 아닌지, 사심이 섞여 있지는 않은지 자문해 보라.

이처럼 결론을 내리기 전에 '이성'이라는 완충 장치를 거치면 욕심에 기인한 판단이 아닌, 이성에 근거한 판단에 가까워질 수 있다. 머릿속 사고 프로세스에 그러한 이성적인 회로를 설정해 두는 것은 욕심에서 벗어나는 데 매우 중요한 일이다.

욕심, 즉 사심을 억제하는 일은 이타심에 가깝다. 자신보다 타인의 이익을 우선하는 마음은 인간이 지닌 모든 덕 가운데서 가장 높은 곳에 있는 최선의 가치 기준이다. 자신의 욕심을 비우고 상대를 이롭게 하고, 자신의 일을 나중으로 미루고 세상과 사람을 위해 노력하라. 그러한 이타의 마음이 생겨났을 때 인간은 욕심에 현혹되지 않고 살아갈 수 있다. 이타의 마음은 번뇌의 독을 없애고, 욕심으로 뿌옇게 흐려진 마음을 걷어내 아름다운 마음으로 깨끗한 소망을 그릴 수 있게 할 것이다.

정검을 들었는가,
사검을 들었는가

이타심에 대해서는 다음 장에서도 상세히 살펴보겠지만, '세상을 위해, 인류를 위해'라는 밝고 깨끗한 마음을 근본으로 두면 목표한 생각과 소망은 반드시 이루어지게 되어 있다. 최상의 생각에서는 언제나 최고의 결과가 나오기 마련이다.

반대로 사리사욕에서 기인한 탁하고 더러운 소망은 혹여 실현되더라도 일시적인 일에 그칠 것이다. 와코루의 창업자 쓰카모토 고이치의 말을 빌리면, 이것이 바로 '사악의 검을 빼 든' 상태이기 때문이다.

쓰카모토는 나와 같은 교토 출신의 재계 인물이라 가까이 교류하곤 했다. 그는 '임팔 전투'에서 살아남은 사람이다. 태평양 전쟁 말기에 미얀마 임팔에서 감행했던 침공 작전을 임팔 전투라 하는데, 이 작전은 무모하기 짝이 없어 결국 다수의 희생자를 냈다. 쓰카모토는 그곳에서 간신히 목숨을 건져 조국으로 귀환한 인물로, 그가 소속돼 있던 소대 55명 가운데 고작 3명밖에 되지 않는 생존자 중 하나였다. 그리고 종전 후의 혼란 속에서 장신구 행상을 시작해 후에 와코루를 일으킨 것이다.

그는 이 구사일생의 경험을 들려주며 "나는 항상 신이 지켜주고 있다"라고 말한다. 신이 지켜주고 있기에 전투에서도 살아남을 수 있었고, 사업에서도 계획하고 바란 일을 전부 성공시켰다는 것이다.

어느 날 쓰카모토가 보좌역으로서 깊이 신뢰하고 있던 부사장에게 이 말을 했더니 부사장은 그 말에 동의하면서 이렇게 덧붙였다고 한다.

"사장님이 사악의 검을 빼 들었을 때는 예외이지요."

그는 쓰카모토 사장이 정의의 검과 사악의 검, 이렇게 두 가지 검을 갖고 있는데 그중에서 정의의 검을 뽑아 들었을 때는 분명 모든 일에 성공한 반면, 사악의 검을 뽑아 들었을 때는 전부 실패했다는 사실을 상기시켰다고 한다.

이는 곧 신이 곁에서 사장을 지켜주고 있다는 증거로, 정의의 검을 쓸 때는 신이 힘을 보태주는 반면 사악의 검을 쓸 때는 외면하기 때문에 성패가 갈렸다는 것이다.

"부사장이 하는 말을 듣고 감탄했네. 역시 정확히 꿰뚫어 보고 있더군."

쓰카모토 사장은 매우 감탄했다. 나 역시 부사장의 생각에 동의했다.

사악의 검이란 '탁한 소망'을 가리킨다. 오로지 자신만을 위해 이해손실의 주판을 두드리는 사리사욕이 섞인 사고이다. 물론 탁한 소망일지라도 필사적으로 원하고 강렬히 노력하면 어떻게든 성취할 수는 있겠지만 결코 오래가지 못한다. 반면에 사리사욕을 떨쳐낸 깨끗한 소망이라면 그 일은 반드시 실현되고, 또한 영원히 지속될 것이다.

있는 힘을 다해 노력해도 좀처럼 성과가 나지 않고 오히려 더욱 곤경에 빠져 고민만 깊어지다가도, 갑자기 생각지도 못한 실마리나 뜻밖의 지혜가 계시처럼 떠오를 때가 있지 않은가. 그럴 때면 마치 우주의 창조주가 나를 지지해 주고 용기를 주는 것처럼 느껴지기도 한다.

노자는 '천망회회 소이불루天網恢恢疎而不漏'라 했다. 이는 하늘에 있는 그물은 크고 엉성해 보여도 결코 그물에서 빠져나갈 수 없다는 뜻으로, 악행을 저지르면 언젠가는 반드시 벌을 받게 된다는 뜻이다. 신은 인간이 행하고 생각하는 것이 선인지 악인지 혹은 옳은지 그른지를 모두 지켜보고 있다. 따라서 무언가에서 성공하고, 또 그 성공을 지속시키려면 마음에 그리는 소망과 열정이 깨끗하고 맑아야 한다.

무엇보다 사심을 품지 말고 깨끗한 마음으로 바라고 생각하라. 그러한 마음가짐으로 정의의 검을 빼 들어야 목표를 성취하고 인생을 풍요롭게 할 수 있다.

일로써
기뻐하고 수양하라

지금까지 마음을 수양하고 인격을 높이기 위한 마음가짐을 이야기했으니, 이제 일을 성취하고 인생을 만족스럽게 사는 데 꼭 필요한 소양에 대해 말하려 한다. 그것은 '근면', 즉 열심히 일하는 것이다.

근면이란 부지런히 최선을 다해 일에 열중하는 자세를 뜻한다. 사람은 근면한 자세와 마음가짐으로 일할 때 비로소 정신적으로 풍요로워지고 깊은 인격을 길러나갈 수 있다.

나는 인간이 진심으로 기뻐할 수 있는 대상은 오직 '일'

뿐이라고 생각한다. 이렇게 말하면 일만 하고 사는 인생은 무미건조하며, 사람이 살아가려면 적당한 여가나 취미 생활도 필요하다고 반론하는 이들도 있을 것이다. 하지만 취미와 여가의 즐거움은 일에서 만족감을 찾은 후에야 느낄 수 있는 법이다. 일을 소홀히 한 채 취미나 여가의 세계에서 기쁨을 발견해 봐야, 일시적으로는 즐거울지 몰라도 결코 마음 깊은 곳에서 우러나오는 기쁨을 맛보기는 어렵다.

물론 일에서 느끼는 기쁨은 입 안에 넣으면 금세 달콤함이 퍼지는 사탕처럼 단순하지는 않다. "노동은 쓴 뿌리와 단 열매를 갖고 있다"라는 격언이 있듯이, 일의 기쁨은 고통과 괴로움 속에서 배어 나오고 일의 즐거움은 고통을 넘어선 곳에 숨어 있다.

그렇기에 일해서 얻는 기쁨은 더욱 각별하며, 놀이나 취미로는 그 기쁨을 결코 대체할 수 없다. 성실하고 진지하게 일에 몰두하고 고통과 괴로움을 넘어서 무언가를 이루어냈을 때의 성취감을 대신할 기쁨이란 이 세상에 존재하지 않는다. 일은 인간의 행위 가운데서 최상의 기쁨을 주며, 우리의 인생에서 가장 큰 무게를 차지한다. 그러니 여기서 만족감을 얻지 못하면 다른 무언가로 기쁨을 얻는다 해도 결국 어딘가에 부족함이 남아 있을 것이다.

일에 열심히 매진함으로써 얻는 열매는 성취감뿐만이 아니다. 일은 인간으로서의 기초를 다지고 인격을 연마해 나가는 '수행'의 역할도 하므로, 노동을 단지 생활의 양식을 얻는 물질적 수단으로만 인식해서는 안 된다.

불교 선종禪宗에서는 사찰의 탁발승이 식사 준비부터 정원 청소까지 일상에 필요한 모든 일을 도맡아 하는데, 그 일은 좌선을 실천하는 것과 같은 수준으로 인정받는다. 일상생활의 노동에 전념하는 것과 좌선 수행을 하여 정신 통일을 도모하는 것에 본질적인 차이가 없다고 보는 것이다. 실제로 선종에서는 일상의 노동이 곧 수행이기에 열심히 일에 몰두하면 그대로 깨달음에 이를 수 있다고 가르친다.

깨달음은 마음을 수양하는 일이다. 마음을 갈고닦는 과정의 끝에 다다르는 최고 단계가 '깨달음'이란 경지이다. 그 최상의 깨달음을 얻는 방법으로서 석가모니가 제시한 것이 바로 '육바라밀六波羅蜜'이다.

.
.

일상에서 깨달음을 얻는
여섯 가지 방법

'육바라밀'은 불도에서 조금이라도 깨달음의 경지에 다가
가기 위해 실천해야 하는 보살도(대승불교에서 보살이 닦고 실
천하는 수행 덕목)를 기록한 것이다. 즉, 마음을 가꾸고 정신
을 함양하는 데 꼭 필요한 수양으로, 다음의 여섯 가지로
이루어진다.

① 보시布施

세상을 위해, 인류를 위해 힘쓰는 이타의 마음을 뜻한
다. 자신의 이익보다 상대의 이익을 꾀하고 타인을 배려

하는 마음을 매일같이 되새기며 살아가는 것이 왜 중요한지를 설명한다.

보시란 일반적으로는 '베푼다'는 의미로 사용되는데 본래는 자신을 희생해서라도 널리 많은 사람을 위하는 것을 뜻한다. 혹은 그렇게 하지 못하더라도 최소한 그런 따뜻한 마음을 갖는 것이다. 이렇게 다른 사람을 배려하는 마음을 지니고 살아가면 사람은 인간으로서의 내면을 한층 더 성장시킬 수 있다.

② **지계持戒**

인간으로서 해서는 안 되는 나쁜 행위를 경계하고 계율을 지키는 것이 중요하다는 덕목이다. 인간은 타고나기를 갖가지 번뇌를 안고 살아가야 하는 존재로, 욕망, 분노, 어리석음이라는 세 가지 독에서 좀처럼 벗어나지 못한다. 그런 만큼 번뇌를 억누르고 자신의 언동을 바르게 제어해야 한다. 과욕과 탐욕, 의심, 질투, 원망 같은 모든 번뇌와 욕망을 억제하는 것이 바로 지계이다.

③ 정진精進

어떤 일이든지 최선을 다해 매진하는 것, 즉 노력을 뜻한다. 이 노력은 어느 누구에게도 지지 않을 정도여야 한다. 프롤로그에서 소개한 니노미야 손토쿠의 사례에서도 알 수 있듯이, 필사적으로 정진하는 자세야말로 마음을 수양하고 인격을 연마하는 방법이다. 이는 동서고금의 수많은 위인들의 인생에서도 여실히 드러나는 것이다.

④ 인욕忍辱

역경에 지지 않고 견뎌내는 의지를 가리킨다. 인간의 삶은 너무 파란만장해서 살아가는 동안에 여러 가지 고난을 만나게 된다. 하지만 어떠한 고난과 역경에도 무너지거나 도망가지 말고, 묵묵히 참고 견디며 끊임없이 노력하라. 그러면 마음을 단련하고 인격을 기를 수 있을 것이다.

⑤ 선정禪定

뒤숭숭하고 번잡한 사회 속에서 우리는 항상 시간에 쫓겨 무슨 일이든 깊이 생각할 겨를도 없이 날마다 서둘러 앞으로만 달려가는 경향이 있다. 그런 만큼 적어도 하루에 한 번은 마음을 가라앉히고, 차분히 자신을 돌아보며 정신을 집중해서 흔들리는 마음을 한곳에 모아야 한다. 반드시 좌선이나 명상이 필요한 것은 아니다. 아무리 바쁘더라도 짧게나마 시간을 내어 마음을 가다듬는 것이 중요하다.

⑥ 지혜智慧

이와 같이 보시, 지계, 정진, 인욕, 선정의 다섯 가지 수양에 힘쓰다 보면 우주의 지혜, 즉 깨달음의 경지에 이를 수 있다. 그때 천지자연을 다스리는 근본 이치와 우주를 관장하는 진리, 즉 석가모니가 말한 지혜에 저절로 가까워질 것이다.

마음은
일상에서 수양된다

이 육바라밀의 여섯 가지 수양 중 우리가 생활 속에서 가장 실천하기 쉬우며, 마음을 갈고닦는 데 가장 기본적이고 중요한 요건이 바로 '정진'이다. 한마디로 노력을 아끼지 말고 열심히 일해야 한다.

자신의 인격을 향상시키고 싶다 해서 어려운 수행을 할 필요는 없다. 다만 평소에 생활하면서 자신에게 주어진 역할, 또는 자신이 취해야 할 행동을 묵묵하고 꾸준하게 지속하면 된다. 그것이 회사의 업무이든 집안일이든 공부든 상관없다. 그 자체가 인격 연마를 위한 수행이 되기 때문이다. 일상의 노동 곳곳에 마음을 수양하고 인격을 끌어올려 깨달음의 경지에 가까이 갈 수 있는 길이 존재하는 것이다.

나는 궁이나 사찰 건축을 총지휘하는 도편수처럼 하나의 직업, 한 가지 분야에 자신의 일생을 바쳐서 오랫동안 꾸준히 노동을 지속하면서 자신만의 기량과 인격을 연마한 인물에게 강한 매력을 느낀다. 그 탁월한 기량은 물론이고, 일을 통해 체득한 흔들림 없는 철학과 깊은 인격, 뛰어난 통찰력은 나의 마음에 강렬한 울림을 준다. 젊을 때부터 70, 80세의 노인이 될 때까지 오로지 한길만을 걸으며 자신을 단련해 온 인간의 깊이와 존재감은 말하지 않아도 짙게 배어 나오는 법이다.

"나무에는 영혼이 깃들어 있습니다."

"나무가 말을 건네오지요."

과묵한 도편수들은 이처럼 심오하고 울림 있는 말을 무심하게 툭 던진다. 그러한 풍모가 내게는 어떤 위대한 철학자나 종교인보다도 숭고해 보인다. 그들은 노력을 아끼지 않고 고생을 거듭해 가며 최선을 다해 한길을 추구한 인물들이다. 그러한 정진의 자세로 마침내 다다른 높은 마음과 깊은 인격에 기개마저 느끼는 것이 비단 나뿐은 아니리라. 더불어 일하는 행위의 존엄성을 확실하게 느낄 수 있다. 그들을 보면 '깨달음은 일상의 노동 속에 있다'는 사실을 절실히 실감하게 된다.

이는 스포츠 세계에서도 마찬가지이다. 메이저리그에서 활약한 스즈키 이치로 역시 정진을 거듭해 명인의 경지에까지 도달한 인물이다. 그는 초등학생 때부터 메이저리그 선수를 꿈꾸며 하루도 쉬지 않고 스윙 연습을 했다고 한다. 한창 놀러 다니고 싶을 나이에, 벌써 자신의 목표를 확실히 정하고 그 목표를 향해 묵묵히 실력을 연마해 온 것이다. 그는 고등학생 때 "안타를 치라고 하면 언제든지 칠 수 있습니다"라는 말을 했는데, 그렇게 말할 수 있을 만큼의 정진과 노력이 뒷받침되어 있기에 오만한 기색은 전혀 느낄 수 없었다고 한다. 그러한 정진과 노력이 현재의 스즈키 이치로를 만든 것이다.

꾸준한 정진 없이는 명인의 경지에 도달할 수 없다. 자신이 하는 일을 진정으로 좋아하라. 그리고 누구에게도 지지 않을 만큼 노력하고 열정과 영혼을 가득 담아 일에 몰두하라. 그렇게 하는 것만으로도 삶의 의미와 가치를 배우고, 마음을 수양하며 인격을 쌓아 마침내 인생의 진리를 체득할 수 있다.

일에
높은 긍지를 가져라

이 장의 맨 앞에서 겸허함의 미덕에 대해 서술했다. 지금 말하고자 하는 근면의 미덕 역시 우리가 다시 한번 생각하고 돌이켜봐야 할 정신이다.

근대 이후, 특히 전후에는 일하는 행위의 의의와 가치가 지나치게 '유물적'으로 인식되어 온 경향이 있다. 그래서 우리는 '일을 하는 최대의 목적은 물질적 풍요를 얻는 것이고, 일이란 자신의 시간을 제공해 보수를 받는 수단'이라는 사고에 익숙해져 있다. 이러한 관점에서 보면 노동은 돈을 벌기 위해 어쩔 수 없이 해야 하는 고역처럼 느꺼지기 마련이다. 그래서 가능한 한 편안하게 많은 돈을 버는 것이 합리적이라는 사고방식이 생겨났다. 이러한 노동관은 사회 전체에 팽배해 있을뿐더러 심지어는 교육 현장에까지 침투해 있다.

하지만 교육자는 성장기 아이들의 인격 형성에 누구보다도 많이 관여하고 지도하는 인물이다. 그렇기에 교사라는 직업은 단순한 노동의 영역을 넘은 차원이며 모든 인격을 걸고 아이들과 마주해야 하는 존엄한 직업, 즉 '성직'인 것이다.

그런데 오늘날 교사들 중엔 스스로 그 긍지를 버리고 "우리는 일개 노동자이며 지식을 학생들에게 전달하는 작업을 위해 우리의 시간을 팔아 그 대가로 급여를 받고 있을 뿐이다"라고 말하는 이들도 있다. 자신들의 지위를 폄하하고 교직자로서의 자부심과 열정을 점차 잃어가는 것이다.

그래도 경제 성장이 활발하던 시절까지만 해도 사람들에게는 일하기를 마다하지 않는 근면 정신이 남아 있었다. 하지만 어느 순간부터 "동양인은 일을 너무 많이 한다", "서양인들은 동양인에게 휴식이 더 필요하다고 비판

한다"라는 말을 해가며 정부와 시민 모두 노동 시간을 단축하고 여가를 늘리는 데 힘을 쏟았다. 그렇게 열심히 일하는 것을 죄악처럼 여기는 풍조가 만연한 시대를 지나며 이제는 '근면'의 가치가 상당히 하위로 떨어진 듯하다.

물론 여가를 정신적 여유의 모체로 여기는 서양식 노동관을 부정하지는 않는다. 하지만 아무런 비판 없이 그들의 사고를 무조건적으로 받아들이며 일의 가치를 경시하는 행동은 단단히 잘못된 것이다.

전후 일본을 통치했던 연합군 최고 사령관 맥아더 장군은 극동 정책을 둘러싼 의회 증언에서 동양인의 노동관에 관해 밝힌 적이 있다. 그는 동양인이 갖고 있는 노동력은 양적으로나 질적으로나 다른 어떤 국가에도 지지 않을 만큼 우수하며, 동양의 노동자들은 인간이 놀 때보다 일할 때 더 행복하다는 '노동의 존엄성'을 일찍이 발견해 냈다고 말했다.

원래 동양에는 노동을 인격 수양을 위한 정진의 장으로 인식하는 가치관이 확고하게 자리 잡고 있었다. 동양인은 일찍이 일하는 행위의 깊은 의미와 가치를 찾아낸 것이다. 근면하게 일하는 자세가 긍지와 보람으로 이어져 마음을 풍요롭게 한다는 것도 잘 알고 있었으며, 거기에서 인생의 의미도 느꼈다.

즉, 우리는 놀 때보다 일할 때 더욱 큰 기쁨을 느끼는 정신력, 단순 노동이라도 창의성 있는 연구를 곁들여 즐겁게 일하는 자질, 다른 사람이 시켜서 강제로 일하는 것이 아니라 자신이 노동이라는 행위의 주체가 되어 솔선해 일하는 지혜를 모두 갖고 있었다. 그러나 지금은 이것들을 거의 다 잃어버린 지 오래이다. 이제 그러한 노동관이 무얼 의미하는지를 다시금 생각해 봐야 하지 않을까.

사람은 일을 통해 비로소 성장해 나간다. 자신의 인격을 수양하고 마음을 풍요롭게 하기 위해 최선을 다해 일에 몰두하라. 그렇게 하면 인생을 한층 더 훌륭하게 만들어갈 수 있을 것이다.

4장

이타의 마음으로 살아가라

1997년 9월, 나는 교토의 엔부쿠지라는 절에서 불도에 입문하고 '다이와'라는 법명을 받았다. 사실은 6월에 득도식을 거행할 예정이었지만 그 직전에 건강검진에서 위암이 발견되어 수술을 받느라 연기된 것이었다. 그리고 수술 후 약 두 달 동안 경과를 지켜본 후, 건강이 완전히 회복되지는 않았지만 9월 7일에 속계俗界에 몸을 둔 채 불문의 일원으로 적을 올렸다.

그로부터 2개월 남짓 지난 11월에는 단기간이기는 했지만 사찰에 들어가 수행도 했다. 병이 나은 지 얼마 되지 않았기에 수행은 꽤 힘들었지만 그때 나는 평생 잊지 못할 체험을 했다.

초겨울의 쌀쌀한 날씨였다. 바짝 민 머리에는 대삿갓을 쓰고 감색 무명옷을 입고서 맨발에 짚신 차림으로 다니며 집집마다 문 앞에 서서 독경을 하고 시주를 청했다. 탁발 수행에 익숙지 않은 내게는 몹시 고통스러운 일이었다. 짚신 사이로 삐

저나온 발가락은 아스팔트에 쓸려 피가 났고, 그
고통을 견디며 한나절이나 걸었더니 몸은 마치 너
덜너덜해진 걸레처럼 지쳐버렸다. 그래도 꿋꿋이
선배 수행승과 함께 몇 시간이나 탁발 수행을 계
속한 다음, 해 질 녘이 다 되어서야 절로 향했다.

그렇게 지친 몸과 무거운 발걸음을 이끌고 돌아
가던 도중 어떤 공원에 이르렀을 때였다. 공원을
청소하고 있던 작업복 차림의 중년 여성이 우리를
보자마자 한 손에 빗자루를 든 채 종종걸음으로
다가오더니 아주 자연스러운 몸짓으로 내가 메고
있던 자루 안에 500엔짜리 동전을 집어넣는 것이
아닌가.

그 순간, 그때까지 느껴보지 못했던 감동이 온몸
을 훑고 지나갔고 나는 이루 말할 수 없는 행복감
으로 가득 찼다. 그 여성은 결코 부유해 보이지 않
는데도 일개 수행승에게 500엔을 희사喜捨하는 데
조금도 주저하지 않았으며, 또한 눈곱만큼도 교만

한 느낌을 주지 않았기 때문이다. 그 아름다운 마음은 그때까지 65년을 사는 동안 느껴본 적이 없을 만큼 신선하고 순수한 것이었다. 나는 그 여성의 자연스러운 자비로움을 통해 틀림없이 부처의 사랑을 접한 것이라고 확신했다.

자신의 일은 미뤄두고 먼저 타인을 배려하는 따뜻한 마음을 보여준 그 부인의 행위 자체는 아주 사소한 일이었으나, 인간이 가질 수 있는 최선의 생각과 행동을 보여주었다고 생각한다. 그 자연스러운 덕행이 내게 '이타심'의 진수를 가르쳐준 것이다.

'이타'의 마음은 불교에서 말하는 '남이 잘되기를 바라는' 자비의 마음이고, 그리스도교에서 말하는 '사랑'이다. 더 쉽게 말하자면 세상을 위해, 그리고 인류를 위해 노력한다는 의미이다. 인생을 걸어나가는 데, 또는 나처럼 기업인이라면 회사를 경영해 나가는 데 빠뜨릴 수 없는 중요한 마음이라고 할 수 있다.

이타심이라고 하면 무언가 대단한 것처럼 느껴지지만 사실 그리 거창한 것은 아니다. 아이에게 맛있는 음식을 먹이고 싶은 마음, 아내가 기뻐하는 모습을 보고 싶은 마음, 고생한 부모를 편하게 모시고 싶은 마음 등 자신의 가족과 주변 사람들을 배려하는 작은 마음가짐도 모두 이타의 마음에서 비롯된 것이다. 가족을 위해서 일하고 친구를 도우며 부모에게 효도하는 소박하고 사소한 이타심이 결국은 사회, 국가, 그리고 세계를 위하는 커다란 규범의 이타로 이어진다. 그런 의미에서 내게 500엔짜리 동전을 보시해 준 부인과 테레사 수녀 사이에 본질적인 차이는 없다.

인간은 원래 세상을 위해, 타인을 위해 무언가를 하고 싶어 하는 선한 마음을 갖고 있다. 오늘날에도 재해가 발생하면 젊은이들이 그 지역으로 달려가 자원 봉사를 한다는 이야기를 자주 듣는다.

이런 소식이 귀에 들어올 때면 이타심이란 인간이 지닌 자연스러운 마음이라는 생각이 강하게 든다.

인간의 마음이 더욱 깊고 깨끗한 행복감으로 채워질 때는 결코 자아를 만족시켰을 때가 아니라 '이타심을 만족시켰을 때'라는 점에 많은 사람이 동의할 것이다. 또한 타인을 위한 노력은 단지 타인의 이익에 그치지 않고, 결국은 돌고 돌아 이타적인 행위를 행한 그 자신에게도 이익을 가져다준다. 현명한 사람이라면 이 사실을 잘 알고 있을 터이다.

세상을 위해,
인류를 위해

벌써 60여 년 전의 일이다. 교세라가 아직 중소기업이었을 무렵, 나는 입사식에서 대졸 신입사원들에게 이런 말을 한 적이 있다.

"여러분은 지금까지 부모와 사회의 많은 사람에게 도움을 받으며 살아왔습니다. 이제 사회인이 되었으니 앞으로는 여러분이 사회에 돌려줄 차례입니다. 사회인이 되어서까지 다른 사람이 무언가 해주기를 바라서는 안 되지요. 이제껏 '받는' 측에 있었다면 이제는 '주는' 측으로 입장을 180도 바꿔야 합니다."

이런 이야기를 하게 된 데는 계기가 있다. 교세라가 아직 규모도 작고, 충분한 복리후생을 갖추지 못했을 때의 일이다. 입사한 지 얼마 되지 않은 대졸 신입사원들이 "괜찮은 회사인 줄 알았더니 복리후생도 제대로 되어 있지 않고, 대우도 별로 좋지 않습니다"라면서 불평을 해온 것이다. 나는 그들에게 이렇게 꾸짖었다.

"지금은 아직 회사 규모가 작고 충분한 설비나 제도가 없는 것도 사실입니다. 하지만 지금부터 회사를 훌륭히 키워서 충분한 복리후생이 뒷받침되어 있는 기업으로 만들어나가는 것은 이제 여러분의 손에 달려 있어요. 남이 해주길 바라지 말고, 스스로 만들어나가야 합니다."

타인에게 도움을 받는 사람들에게는 언제나 부족한 것만 눈에 들어오기 마련이다. 이런 사람들은 불평불만을 입에 달고 산다. 하지만 무릇 사회인이 되었다면 자신이 '도움을 주는' 입장에 서서 주위에 공헌해야 한다. 그러기 위해서는 인생관과 세계관을 180도 바꿔야 한다.

그때까지는 아직 '이타'라는 말을 인식하지 못했기에

그것을 확고한 사상이나 철학으로 삼고 있지 않았다. 그럼에도 나는 타인을 위해 조금이라도 무언가를 해나가자는 마음가짐이 중요하다고 젊은 사회인들을 계속 설득해온 것이다.

내가 불도에 입문했을 때 신세를 진 엔부쿠지의 노스님은 자신보다 먼저 타인을 배려하고, 때로는 자신을 희생해서라도 타인을 위해 노력하는 배려심의 중요성을 다음과 같은 비유로 설명했다.

어떤 절에서 젊은 수행승이 노스님에게 "저세상에는 지옥과 극락이 있다고 하는데 지옥은 어떤 곳입니까?"하고 물었다. 그러자 노스님은 이렇게 대답했다.

"분명 저세상에는 지옥도 있고 극락도 있다네. 하지만 두 곳은 사실 뭇사람들이 상상하는 만큼 차이가 나지 않으며, 외견상으로는 완전히 똑같은 장소이지. 단 하나 큰 차이가 있다면 그곳에 있는 사람들의 마음일세."

노스님이 말하길, 지옥과 극락에는 똑같이 거대한 솥이 있고 거기에는 똑같이 맛있어 보이는 국수가 보글보글 끓고 있다고 한다. 그런데 그 국수를 먹을 수 있는 도구라고는 길이가 1미터나 되는 긴 젓가락밖에 없는 것이 고역이었다. 지옥에 사는 사람들은 모두 자신이 먼저 먹으려고 앞다투어 젓가락을 솥에 집어넣고는 국수를 집으려고 했다. 하지만 젓가락이 너무 길어 그만 입 안으로 국수를 넣을 수가 없었고, 그래서 타인이 집은 국수를 억지로 빼앗으려 다투는 바람에 걸핏하면 싸움이 일어났다. 그러는 통에 국수는 사방으로 튀어 결국은 아무도 눈앞에 있는 국수를 먹을 수 없었다. 지옥에 사는 사람들은 맛있어 보이는 국수를 바로 눈앞에 두고도 모두 굶어서 말라갔다.

반면에 극락에서는 완전히 똑같은 조건임에도 전혀 다른 광경이 펼쳐졌다. 이들은 모두 자신의 긴 젓가락으로 국수를 집어서는 솥 맞은편에 있는 사람의 입으로 가져가 "당신이 먼저 드십시오" 하고 먹여주었다. 그렇게 해서 국수를 먹은 사람도 "고맙습니다, 이번에는 당신 차례입니다" 하고 이번에는 상대방의 입에 국수를 넣어주니 극락에서는 모두가 평온하게 국수를 먹으며 만족스러운 생활을 보냈다.

즉, 똑같은 세상에 살고 있어도 따뜻한 배려심이 있느냐 없느냐에 따라 세상은 극락도, 지옥도 될 수 있다. 나는 이 이야기가 주는 교훈에 깊이 감명해, 이타심의 필요성에 대해 직원들에게 수없이 이야기했다. 인생을 잘 살기 위해서도, 경영을 잘 해나가기 위해서도 마음속 깊은 곳에는 '세상을 위해, 인류를 위해'라는 배려의 마음이 있어야 한다. 이 말은 몇 번이고 강조해도 모자라지 않는다.

인간의 도리를
지키고 있는가

이른바 약육강식의 세계라고 여겨지는 비즈니스에서 내가 계속해서 이타니, 사랑이니, 배려니 하는 덕목들을 강조하는 것을 보고 사람들은 종종 그 듣기 좋은 말의 이면에 무언가 다른 속셈이 있는 것이 아니냐고 말하기도 했다. 하지만 나는 교묘하게 꾸며낸 말로 무언가를 꾀할 생각은 털끝만큼도 없다. 그저 나 자신이 믿는 것을 솔직하게 사람들에게 전하고, 또 나 자신이 진심을 다해 그 덕목들을 실천하고자 할 뿐이다.

애초에 역사를 되돌아보면 자본주의는 본래 그리스도

교 사회, 그중에서도 윤리적인 가르침이 엄격한 프로테스탄트 사회에서 생겨났다. 초기 자본주의를 선도한 사람들도 경건한 프로테스탄트들이었다. 독일의 사회학자 막스 베버에 따르면 그들은 그리스도가 가르치는 '이웃 사랑'을 실천하기 위해 엄격한 윤리 규범을 지키고 노동을 존중하면서, 산업 활동으로 얻은 이익은 사회의 발전을 위해 활용하는 것을 모토로 삼았다고 한다. 따라서 사업을 하면 누가 봐도 올바른 방법으로 이익을 추구해야 했고, 그 최종 목적은 어디까지나 사회에 도움이 되는 것이었다. 세상과 인류를 위하는 이타 정신, 즉 사익보다 공익을 꾀하는 마음이 초기 자본주의의 윤리 규범이었다. 내적으로는 자신을 다스리는 엄격한 윤리를, 외적으로는 이타라는 대의를 삶의 의무로 삼았던 것이다. 그 결과 자본주의 경제는 급속히 발전을 이룰 수 있었다.

일본 에도시대 중기의 사상가 이시다 바이간도 "상인의 이익은 무사의 녹과 같다"라는 말로 장사가 천한 일이 아니라고 주장했다. 당시는 상업자본주의의 발흥기였는데, 아직 신분제 사회였기에 장사는 가장 하위 계급이 맡는 일이었고 따라서 상행위 자체가 무척 천시되는 풍조가 있었다. 그런 사회임에도 바이간은 상인이 장사로 얻는 이익은 무사가 받는 녹봉과 마찬가지로 정당한 것이며, 결코 부끄러운 일이 아니라고 말하며 뒷전에서 업신여김을 당하던 상인들을 격려한 것이다.

"이익을 추구하는 데도 도리가 있다"라는 말이 있다. 이윤을 추구하는 행위는 결코 죄악이 아니지만 그 방법은 사람의 도리를 따라야 한다는 뜻이다. 어떻게든 돈만 벌면 된다고 생각해서는 안 되며 이익을 얻는 데도 인간으로서 올바른 도리를 지켜야 한다는 상행위 윤리의 중요성을 강조하고 있다. 이시다 바이간은 그 점 또한 잊어서는 안 된다고 상기시키며 "진정한 상인은 남을 먼저 생각한 후 자신을 생각해야 한다"라는 말을 남겼다. 요컨대 상대에게도, 자신에게도 이익이 되게 하는 것이 장사의 본질이며 거기에는 '자리이타自利利他'의 정신이 깃들어 있어야 한다. 이 정신을 늘 기억하라.

이타심을 기르면
시야가 넓어진다

물론 이익을 추구하는 마음은 사업을 하거나 인생을 살아가는 데 원동력이 되므로, 누구나 돈을 벌고자 하는 욕심을 가져도 좋다. 하지만 그 욕심이 오직 이기적인 범위에만 머물러서는 안 된다. 다른 사람도 이롭게 하려는 '큰 욕심'을 갖고 공익을 추구해야 한다. 그래야 그 이타의 정신이 돌고 돌아 결국 자신에게도 이익을 가져다주며, 이익을 더 크게 만들고 널리 확산시킨다.

회사를 경영하는 행위는 그 자체만으로도 이미 세상과

인류를 위하는 '이타적인' 일이다. 오늘날에는 종신 고용 제도가 거의 붕괴되었지만, 얼마 전까지만 해도 직원을 고용한다는 것은 그 직원을 거의 일평생에 걸쳐 돌봐줄 의무가 생긴다는 뜻이었다. 그러므로 5명이든 10명이든 직원을 고용하고 있다는 사실만으로도 이미 '다른 사람을 위한' 행위를 하고 있는 것이다.

개인도 마찬가지이다. 결혼 전에는 자신의 생활만 우선하던 사람이 결혼해 가정을 꾸리고 나면 배우자와 아이도 생각하면서 살아간다. 이 행위에도 역시 무의식중에 이타심이 포함되어 있다고 할 수 있다.

단, 이기와 이타의 오묘한 관계에 항상 주의해야 한다. 작은 단위의 이타도 좀 더 큰 관점에서 보면 이기로 바뀔 수 있기 때문이다. 회사를 위하고 가족을 위하는 행위에는 확실히 이타의 마음이 포함되어 있지만 '우리 회사만 돈 벌면 돼', '우리 가족만 잘살면 그만이지'라고 생각하는 순간 그것은 이기심으로 바뀌고 인생도 그 수준에 머물게 된다. 따라서 그렇게 낮은 수준의 이타에 머물지 않으려면 더 넓은 시야에서 사물을 보는 눈을 키우고, 자신의 행위를 큰 단위로 생각하며 상대화시켜서 볼 필요가 있다.

자신의 회사만 이익을 얻으면 된다고 생각하지 말고 거래처, 나아가 소비자와 주주, 지역의 이익에도 공헌할 수 있도록 경영하라. 또한 개인보다는 가족, 가족보다는 지역, 지역보다는 사회, 그리고 국가와 세계, 지구와 우주로 이타심의 범위를 점점 더 넓히고 높여나가라. 그러면 자연스럽게 주위의 다양한 사실과 현상을 두루 살펴볼 수 있는 넓은 시야를 갖게 된다. 또한 객관적이고 올바른 판단을 내리게 되어 실패도 피해 갈 수 있을 것이다.

왜 사업에
뛰어들어야 하는가

'이타'라는 '덕'은 곤경을 타파하고 성공을 부르는 강한 원동력이다. 나는 그 사실을 전기통신 사업에 진출했을 때 직접 체험했다. 지금이야 여러 개의 기업이 경쟁하는 상황이지만, 1980년대 중반까지만 해도 국영 기업인 '일본전신전화'가 통신 분야의 비즈니스를 독점하고 있었다. 그러던 중 시장에는 건전한 경쟁이 필요하다는 주장이 일었고, 다른 국가들에 비해 굉장히 높았던 통신 요금을 인하하고자 자유화가 결정되었다.

그에 따라 일본전신전화는 'NTT'라는 이름으로 민영

화되었고 동시에 사기업이 전기통신 사업에 진출할 수 있게 되었다. 그러나 사업을 독점하던 거대 기업과 경쟁해야 한다는 부담 때문인지 신규로 진출하려는 기업이 영 나타나지 않았다. 이대로라면 이름만 공영에서 민영으로 바뀔 뿐, 건전한 경쟁이 이루어질 리 만무했다. 그렇다면 국민들도 요금 인하 혜택을 받지 못할 터였다.

'그렇다면 내가 해볼까?' 하는 생각이 마음속에서 고개를 들었다. 벤처기업으로 시작해 성공적으로 사업을 일으킨 경험이 있는 교세라라면 이러한 도전을 하기에 어울리지 않을까 싶었던 것이다.

하지만 상대가 NTT이다 보니 마치 거대한 코끼리에 개미가 달려들듯이 불리한 싸움이 될 것이 뻔했고, 심지어 업종마저 다른 교세라에 통신 사업은 완전히 미지의 분야였다. 하지만 그대로 방관한다면 경쟁 원리가 작용하지 못해 요금 인하라는 국민들의 이익은 그림의 떡이 되고 말 터였다. 창 하나를 들고 거대한 풍차에 맞선 돈키호테처럼 내가 나서는 수밖에 없었다.

하지만 당장 나서지는 않았다. 이 사업에 뛰어들려는 동기에 혹시 사심이 들어 있지는 않은지 스스로에게 엄격

하게 물어야 했기 때문이다. 사업에 뛰어들겠다고 방향을
잡고도 나는 매일 밤 빠짐없이 반복해 자문했다.

'내가 전기통신 사업에 뛰어들려는 것은 정말로 국민을
위해서인가?'
'회사와 자신의 이익을 꾀하려는 사심이 섞여 있지는
않은가?'
'나 자신을 좋은 사람으로 세상에 내보이고 싶은 사심
이 있지는 않은가?'
'단지 남에게 과시하려는 행동은 아닌가?'
'그 동기는 한 점 부끄러움 없이 순수한가?'

그렇게 '동기가 선한가, 사심은 없는가' 하는 질문을 수
없이 가슴에 던지며 동기의 진위를 스스로 확인했다. 그
리고 반년 가까이 자문을 거듭한 끝에 마침내 내 마음속
에 조금의 사리사욕도 없다는 것을 확신하고 다이니덴덴
의 설립에 착수했다.
뚜껑을 열고 보니 우리 말고도 두 개의 회사가 신규로
진출했는데, 처음에는 그중 교세라를 모체로 한 우리 다

이니덴덴이 가장 불리하다는 평가를 들었다. 그럴 만도 한 것이, 우리에게는 통신 사업에 대한 경험과 기술이 전혀 없었고 통신 케이블이나 안테나 등 인프라도 처음부터 새로 구축해야 하는 상황이기 때문이었다. 더욱이 판매 대리점 유통망도 전혀 없다는 중대한 핸디캡을 갖고 있었으니, 어느 곳보다도 열악한 상황이었다.

:

설사
껍질만 주워 먹을지라도

하지만 그 많은 역경에도 굴하지 않고 다이니덴덴은 영업을 개시한 직후부터 신규 참가사들 중에서 줄곧 최고의 실적을 올리며 선두를 달려나갔다. 그때도 지금도 그 비결이 무엇인지 질문을 자주 받는데, 그에 대한 나의 대답은 단 하나이다. 오직 국민을 위해 도움이 되고자 한 사심 없는 동기가 성공을 가져다준 것임에 틀림없다.

"국민을 위해 장거리 통신비를 조금이라도 내려봅시다. 한 번뿐인 인생에 정말로 의미 있는 일을 해봅시다. 지금 우리는 100년에 한 번 있을까 말까 하는 큰 기회를 얻은 것입니다. 마냥 바란다고 얻을 수 없는 이 멋진 기회를 우리가 받은 것에 감사하며, 이 기회를 반드시 살려봅시다."

다이니덴덴 창업 초기부터 나는 다이니덴덴 직원들에게 피를 토하며 호소했다. 그래서 다이니덴덴의 직원 전원이 국민을 위해 일한다는 순수한 뜻을 공유하게 되었고, 진심으로 이 사업의 성공을 기원하며 일에 매진해 주었다. 그런 다이니덴덴 직원들의 모습을 보고 대리점 관계자들도 응원을 보냈고, 나아가서는 고객의 지지까지 폭넓게 얻을 수 있었다.

다이니덴덴을 창업하고 조금 시간이 흐른 뒤 나는 일반 직원들에게도 액면가로 주식을 구입할 기회를 주었다. 다이니덴덴이 성장과 발전을 거듭해 언젠가 상장하게 되었을 때 직원들도 자본 이득을 얻게 해 그들의 노력에 보상하고, 감사를 전하고 싶다는 마음이 있었기 때문이다.

반면 창업자인 나 자신은 가장 많은 주식을 보유할 수 있었음에도 단 한 주도 갖지 않았다. 다이니덴덴을 창업하면서 일말의 사심도 갖지 않기로 마음먹었기 때문이다. 만약 내가 그때 한 주라도 가졌다면 "역시 돈벌이를 위해

한 사업이었군"이라는 비아냥을 들어도 반론할 여지가 없었을 것이고, 다이니덴덴의 이후 행보 또한 달라졌을 것이다.

휴대전화 사업에 뛰어들었을 때도 비슷한 경험을 했다. 다이니덴덴을 창업했을 무렵부터 나는 휴대전화 시장의 장래성을 확신했고, 휴대전화의 보급이 국민의 생활 편의에 크게 기여할 것이라고 예측했다. 그래서 사업에 착수하려 했으나 갑자기 예기치 않은 문제가 생겼다. 다이니덴덴에 이어 또 한 회사가 참가했던 것이다. 그러나 주파수 문제 때문에 같은 지역에서는 NTT 이외에 한 개의 회사밖에 영업을 할 수 없다는 제약이 있었고, 따라서 두 회사가 새로 참가한다면 사업 구역을 두 개로 나눠야만 했다. 그러나 두 회사 모두 사업 수익성을 따져 인구가 밀집되어 있는 수도권에서 사업을 하길 원했기에 좀처럼 합의가 이루어지지 않았다.

나는 공평하게 추첨으로 결정하자고 제안했지만 우정성(당시 우편행정 등을 담당하던 기관)은 그런 큰 규모의 사업을 제비뽑기로 결정한다는 것은 신중하지 못하다며 거절했다. 하지만 이대로 언제까지나 앞이 보이지 않는 줄다리

기만 한다면 결말이 나지 않을 것이었다. 어느 한쪽이 양
보하지 않으면 이동통신 사업 자체가 일본에 정착하지 못
할 수도 있다고 판단한 나는 수도권과 중부권이라는 가장
큰 시장을 상대에게 양보하고, 다이니덴덴은 그 나머지
지역을 맡기로 했다. 불리한 조건을 자처한 것이나 다름
없었다.

그런 나를 보고 다이니덴덴 임원회는 단팥빵 중 가장
맛있는 속을 버리고 가장자리의 빵만 주워 먹는 격이라며
어처구니없어했다. 하지만 나는 그들에게 이렇게 말했다.

"손해 보는 것이 이득이고 지는 것이 이기는 것입니다.
모두 힘을 합쳐 그 껍질을 황금알로 만듭시다."

결국 나는 이렇게 끈질기게 임원들을 설득해서 이동통
신 사업에 착수했다. 그런데 막상 사업을 시작하고 보니
우려와 달리 우리의 실적은 쑥쑥 성장해 나갔다.

실제로 현재도 다이니덴덴(현 KDDI)의 휴대전화 서비스
브랜드인 'au'는 NTT와 당당히 어깨를 나란히 하며 각축
을 벌이고 있다. 다이니덴덴과 au의 성공은 세상과 인류

와 세상에 도움이 되겠다는 생각이 하늘의 도움을 불러들인 덕분에 얻은 결과이며, 동기가 선하면 목표는 반드시 이루어진다는 증거이다. 나는 지금도 그렇게 믿고 있다.

이기적인 경영에서
이타적인 경영으로

'물심양면으로 모든 직원의 행복을 추구하고 인류 사회의 진보와 발전에 공헌한다.'

교세라의 경영 이념이다. 기업 경영의 목적은 우선 첫째로, 그곳에서 일하는 사람들의 생활과 행복을 실현하는 데 있다. 하지만 그 목적만으로는 한낱 사기업의 이익을 추구할 뿐인 에고ego에 머물고 만다. 기업에는 공공의 이익을 위한 사회 기관으로서 세상과 사람들을 위해 노력해야 할 책임과 의무도 있다. 그래서 둘째로 '인류 사회의 진보와 발전에 공헌한다'는 구절도 경영 이념에 넣게 된 것이다. 이는 '이기적인 경영에서 이타적인 경영으로'라는 경영 이념의 확장을 나타낸 말이기도 하다.

창업 당시부터 나는 이타 경영을 하리라고 마음먹었다. 창업한 지 몇 년이 지나 회사의 기초가 튼튼해졌을 무렵, 나는 연말 상여금을 직원들에게 전달하고 나서 그 일부를 사회에 기부하면 어떻겠냐고 의견을 물었다. 전 직원이 조금씩 돈을 내고 그들이 모은 금액만큼을 회사가 더 보태서 연말연시에 도움의 손길이 필요한 사람들에게 기부하자고 제안했던 것이다. 직원들은 이 의견에 찬성하고 상여금 일부를 흔쾌히 기부했다. 이 일이 오늘날 교세라가 실천하고 있는 다양한 사회 공헌 사업의 시초가 되었고 그 정신은 지금까지도 변함없이 살아 있다.

교세라는 이렇게 창업 초기부터 우리가 흘린 땀의 결정을 그 일부라도 좋으니 다른 사람을 위해 사용하고 사회에 도움을 주려는 이타 정신을 실천하는 데 힘써왔다.

또한 나 개인으로서는 '세상과 인류를 위해 도움이 되는 일을 하는 것이 인간으로서 최고의 행위'라는 신념으로 1985년에 교토상을 제정했다. 내가 갖고 있던 교세라의 주식과 현금 등 200억 엔으로 이나모리 재단을 만들고

첨단기술, 기초과학, 사상과 예술 등 각 분야에서 훌륭한 업적을 이뤄 지대한 공헌을 한 사람들을 선별해 표창하여 그 공적을 기린다는 취지로 시작한 것이다. 현재는 노벨상에 필적하는 국제적인 상으로 높은 평가를 받고 있다.

교세라의 발전으로 생각지도 않게 늘어난 내 자산은 사회에서 많은 사람의 지원과 노력 덕택에 얻은 결과이므로 이 이익을 개인의 소유로 여겨서는 안 된다. 그것은 모두 사회에서 받은, 혹은 사회가 내게 맡긴 자산이므로 사회에 도움이 되는 형태로 환원하는 것이 도리라는 생각에 교토상을 설립한 것이다. 그래서 교토상은 사회에 대한 보은인 동시에 내 이타 철학의 실천이기도 하다.

이러한 사회 자선사업의 공을 인정받아 2003년에는 카네기 협회로부터 '앤드루 카네기 박애상'을 수상했다. 과거 수상자로는 마이크로소프트 창업자 빌 게이츠, 20세기 최고의 펀드매니저로 꼽히는 조지 소로스, CNN 창업자 테드 터너 등 세계적인 자선 사업가들이 있으며, 나는 일본인 첫 수상이라는 명예를 안았다. 그 수상식에서 나는 이러한 내용으로 연설을 했다.

"저는 일밖에 모르는 사람으로, 교세라와 KDDI라는

두 기업을 만들었습니다만 다행히도 예상을 뛰어넘는 발전을 이루어 생각지도 않게 큰 자산을 갖게 되었습니다. 하지만 저는 '개인의 부는 사회의 이익을 위해 사용해야 한다'는 앤드루 카네기가 남긴 말에 깊이 공감하고 있습니다. 저 자신도 전부터 같은 사고를 갖고 있었기에 하늘로부터 받은 부를 세상을 위해, 그리고 인류를 위해 사용해야 한다고 생각해 다양한 사회사업과 자선사업을 해온 것입니다."

　이익을 추구하는 데도 도리가 있다고 앞에서도 언급했지만 재물을 쓰는 데도 도리가 있다. 돈은 버는 것보다 쓰기가 더 어려운 법이다. 이타의 정신으로 번 돈은 역시 이타의 정신으로 써야 하며, 그렇게 재물을 '올바르게' 사용하여 조금이나마 사회에 공헌하고 싶다.

부국유덕이라는
새로운 항해도로

선의로 대하느냐, 악의로 대하느냐에 따라 모든 일과 상황의 결과가 달라진다. 예를 들어 다른 사람과 어떤 일을 논의해야 할 때 어떻게든 상대가 반론하지 못하도록 자신의 의견만 밀어붙이는 사람이 있는가 하면, 상대도 난처해하고 있을 테니 함께 좋은 해결책을 찾아보려는 사람이 있다. 같은 문제라도 이 두 부류 중 어떤 사람이 다루느냐에 따라 그 결론은 완전히 달라질 수밖에 없다. 상대를 배려하려는 마음이 있는지 없는지에 따라서 차이가 생기는 것이다.

예전에 미국과 일본이 일본 시장의 폐쇄성을 둘러싸고 갈등하던 무렵, 나는 양국이 안고 있는 여러 과제를 해결하기 위해 민간인을 중심으로 솔직하게 의견을 교환하는 '미일 21세기위원회'라는 장을 만든 적이 있다. 조금이라도 미일 관계가 개선되도록 만들기 위함이었다.

이때 나는 상대의 잘못만 비난하고 질책하는 적대적인 논의는 이제 그만두자고 제안했다. 상대의 사정과 배경은 고려하지 않은 채 오로지 잘못만을 들춰내면서 서로 양보하지 않으려 다투기만 해서는 결론이 나지 않는다. 양측 다 이해득실을 따져가며 어떻게든 논쟁에서 이기고만 싶어 한다면 대화는 성과 없이 끝나고, 서로 불신만 커질 것이다. 그래서 우선 상대의 입장을 존중하는 자세를 갖고 자신의 의견만 고집하는 것이 아니라 상대의 의견도 충분히 배려하는 마음, 그러한 '이타의 마음'을 토대로 대화해야 하지 않겠느냐고 제안한 것이다.

또한 나는 한쪽의 양보가 불가피할 경우 그것은 일본의 몫이라고도 말했다. 전후 일본은 미국이 식량과 기술을 아낌없이 제공하고 일본 제품에 거대한 시장을 개방해준 덕에 다시 일어설 수 있었기 때문이다. 설사 이것이 미국의 세계 전략의 일환이었다고 해도 그들이 일본에게 큰 은혜와 관용을 베풀었다는 사실에는 변함이 없다. 그렇다면 이번에는 우리가 상대에게 '배려'를 보이고 양보할 것은 양보하는 관용, 이타의 마음을 가지는 것이 '경제대국'으로 성장한 일본의 마땅한 책무라고 생각한 것이다.

미일 21세기위원회는 이러한 취지에 근거해 2년 동안 논의를 계속했고, 미일 양국 정부에 제언서를 제출했다. 앞으로 바람직한 국가 형태를 구상하는 데 중요한 핵심어는 바로 이 배려의 정신과 덕이다.

예전에 국제일본문화연구센터의 가와카쓰 헤이타 교수가 '부국유덕富國有德'이라는 말을 한 적이 있다. 부가 아니라 덕을 통해 나라를 세우되 풍요로운 부의 힘을 활용해 덕으로써 타인과 타국에 베푸는 나라가 되자는 것이며, 무력과 경제력이 아닌 '덕'을 나라의 근간으로 삼아 타국에 '선'을 행하여 신뢰와 존경을 받자는 뜻이다.

나 역시 그러한 덕을 국시로 삼아야 한다고 생각한다. 그것이야말로 자국의 이익만을 추구하다가 호된 대가를 치른 일본이 다른 국가보다 앞서 솔선수범해야 할 일이다. 일본이 지향해야 할 목표는 경제대국도 군사대국도 아닌, 덕을 토대로 하는 국가이다. 어떻게든 이익을 보려 호시탐탐 주판을 두들기는 나라, 군사력 과시에 여념이 없는 국가가 되어서는 안 된다. '덕'이라는 인간의 숭고한 정신을 국가 이념의 토대로 삼아 전 세계와 마주해야 한다. 그러한 국가가 되었을 때 일본은 비로소 국제사회가 진정 필요로 하고, 존중할 수 있는 국가가 될 것이다. 또한 그러한 국가를 침략하려는 무리는 없을 것이다. 그러한 의미에서 덕을 국가의 근간으로 삼는 것은 최선의 안보 정책이기도 하다.

배려와 이타를
잊지 않았는가

중국 혁명의 아버지인 쑨원은 1924년 고베에서 강연을 연 적이 있다. 이 강연에서 쑨원은 서양 문화와 동양 문화를 비교한 '왕도王道'와 '패도霸道'에 관해 이야기했다.

무력으로 사람을 지배하는 문화는 서양에 기원을 두고 있는데 그것을 중국 고어로 '패도'라고 한다. 이에 반해 왕도는 동양에 내려오는 것으로, 덕에 기반을 두어 사람들을 이끌고자 하는 도리이다. 쑨원은 군비 확장과 영토 확대에만 정신이 쏠려 있는 당시의 일본에 '패도'가 아닌 '왕도'를 선택해야 한다고 조언했다. 하지만 애석하게도 일본은 패도의 길을 걸었고 제2차 세계대전에 돌입했다. 그리고 종전 후 근대에 이르기까지도 경제에 의한 패권주의를 취해왔다. 하지만 이제부터라도 국가와 국민 모두 배려와 이타의 마음인 '덕'에 근거한 왕도적인 삶의 방식을 기축으로 삼지 않는다면 일본은 또 한 번 커다란 과오를 범할지도 모른다. 나는 그것이 걱정이다.

천태종에는 망기이타忘己利他라는 말이 있다. 글자 그대로 '자신을 잊고 다른 사람을 위해 노력하라'는 불교의 가르침이다. 망기이타라는 말은 일본어로 '모우코리타'라고 읽는데, 이 말은 '이제 진저리가 난다もう懲りた'라는 말과 발음이 같아 똑같이 들린다. 여기에 착안해 야마다 에타이라는 스님이 '물욕을 추구하는 것은 이제 진저리가 나니, 앞으로는 자신의 일일랑 접어두고 다른 사람을 위해 힘써야 한다'는 뜻으로 망기이타를 이해하면 된다고 가르쳐준 적이 있다.

내가 이 이야기를 강조하는 까닭은, 배려와 이타라는 미덕이 현재 일본 사회에서 완전히 사라진 것 같다는 안타까움 때문이다. 배려와 이타심이 잊히고 사라진다면 사람에게 남는 것은 자신의 욕망뿐이다. 그러한 이기적 욕망을 용인하고 방임해 온 결과가 오늘날의 세태에서 드러나고 있지 않은가.

예전에 19세 소년이 일가족 4명을 잔인하게 살해한 사건이 있었는데, 죄가 너무 중대해 미성년자임에도 사형 판결을 받았다. 그 소년은 법을 자기에게 유리한 대로 해석해 미성년자이므로 무슨 짓을 하든 사형을 선고받지는 않을 것이라 믿고 범행을 저지른 것 같았다. 한 잡지 기자는 "만약 소년이 법률을 더 잘 알고 있었다면 이 사건은 일어나지 않았을지도 모른다"는 내용의 기사를 썼다.

하지만 사실 소년이 알아두었어야 하는 것은 법률 이전에 사람을 죽여서는 안 된다는 근본적인 도덕과 윤리관이다. 사람을 죽이면 안 되며, 남에게 상처를 입혀서도 안 된다는 것은 법률론이 아니라 분명히 사람이 살아가면서 지켜야 할 도리, 즉 도덕론의 범주에 들기 때문이다.

가장 먼저
도덕으로 돌아가라

어쩌다가 우리는 이토록 근본적인 도덕규범을 잃어버리고 남을 배려하는 마음과 이타심을 모두 잊어버린 것일까? 답은 간단하다. 어른들이 아이들에게 배려와 이타를 가르치지 않았기 때문이다. 전후 약 70~80년이 흐른 지금까지 거의 대다수의 일본인이 도덕에 관해 아무것도 배우지 못했다고 말해도 좋을 정도이다. 나는 전쟁 전에 교육을 받은 사람이라 이를 너무도 잘 알고 있다.

전후 일본은 '자주성'과 '존중'이라는 덕목을 '방임'으로 잘못 해석해 자유만 잔뜩 부여하고, 인간으로서 지켜야 할 의무에 관해서는 가르치지 않았다. 인간으로서 갖추어야 할 당연한 도덕, 사회생활을 영위하는 데 필요한 최소한의 규칙과 소양을 우리는 너무도 소홀히 해왔다.

옛날부터 사람들에게 삶의 지침이 되는 '철학'을 가르쳐준 것은 불교와 그리스도교 등의 '종교'였다. 이들 종교의 가르침은 사람들이 살아가는 데 기준으로 삼는 도덕과 규범이 되었다. '부처는 언제나 우리를 보고 있어서 숨어서 나쁜 짓을 저지른다 해도 언젠가는 반드시 그 업보를 받게 되어 있으며, 또 선행을 쌓은 사람도 보답을 받게 되어 있다'는 관념이 신앙으로 지켜지며 인간으로서 올바른 일이 무엇인지를 생각하게 된 것이다.

하지만 일본은 근대에 이르고 과학 문명이 발달하면서 이러한 종교가 등한시되기 시작했고, 그로 인해 인간으로서 지녀야 할 모습을 가리키는 도덕, 윤리, 철학조차도 점점 잊히고 말았다.

철학자 우메하라 다케시 선생은 "일본에 도덕이 결여된 근저에는 종교의 부재가 있다"라고 말했는데, 나 역시 이 말에 깊이 공감한다. 특히 전후 일본 사회에서 전쟁 전 주류였던 국가신도國家神道를 핵심으로 한 사상을 통제하면서, 그 반동으로 도덕과 윤리가 일상생활과 교육의 장에서 배제되는 경향이 짙어졌기 때문이다.

그리고 오늘날 역시 종합 교육을 부르짖으면서도 도덕을 토대로 인격 교육을 하려는 움직임은 찾아보기 힘들뿐더러, 개성을 중시한 나머지 인간으로서 익혀야 할 최소한의 규칙과 도덕조차 제대로 가르치지 않고 있다. 유치원에서도 '자유로운 교육'을 표방하면서 아직 분별력이 없는 유아들을 방임한다. 그렇기에 어른이 되기 전에 익혀야 할 최소한의 규칙조차도 배울 기회가 없는 것이다. 아직 몸과 마음이 다 성장하지 않은 소년기에야말로 인간으로서 어떻게 살아가야 하는지를 가르치고, 그것에 대해 깊이 생각할 기회를 주어야 하지 않겠는가.

또한 학교 교육에서 애초에 올바른 직업관을 심어주어야 한다. 현재 일본에는 학업 성적이 우월한 아이와 그렇지 못한 아이를 가려내어 전자를 우대하는 풍조가 만연한 나머지 젊은이들의 노동관이 상당히 왜곡되어 있다. 요즘 일본의 젊은이들은 높은 성적을 내 관공서나 대기업에 들어가는 것을 최고의 목표로 여기며, 손재주가 좋거나 사회성이 좋은 것처럼 학업과 직접적인 연관이 없는 특성은 경시하곤 한다.

이러한 현상을 바로잡으려면 세상에는 수없이 다양한 직업이 존재하며 각각의 분야에서 많은 사람이 열심히 일하고 있는 덕분에 사회와 인간생활이 영위되고 있다는 사실을 초등학생 때부터 가르쳐야 한다. 그렇게 해서 가령 미용사를 꿈꾸는 아이에게는 어떤 학교에 진학해 어떤 자격을 갖추어야 하는지 실용적인 지식을 알려주는 것이 바람직하다. 학교라면 이러한 직업 교육도 필히 병행해야 할 것이다.

앞서 궁과 사찰을 건축하는 도편수로 예를 들었는데, 도편수뿐만 아니라 가구 장인이나 봉제 기술자, 농민과 어부 등 어떤 직업이라도 그 일에 몰두한다면 마음을 수양하고 인격을 쌓아나갈 수 있다. 그렇게 일의 의의를 가르쳐주고, 올바른 직업관을 심어주는 것이야말로 교육의 커다란 역할임에 틀림없다.

：

역사를 되풀이하지 말고
새로운 길로 나아가라

일본은 근대 이후 약 40년을 주기로 큰 사건을 겪어왔다.

① 1868년

봉건사회에서 탈피하고 메이지유신을 계기로 근대 국가를 수립했다. 언덕 위의 하늘에 떠 있는 한 점 구름처럼 높은 이상을 목표로 부국강병의 길을 걷기 시작했다.

② 1905년

러일전쟁에 승리한 후 열강에 진입했고 국제적 지위가

비약적으로 상승했다. 이후 부국강병, 특히 '강병'을 위해 군사대국의 길로 기세 좋게 돌진했다.

③ 1945년

제2차 세계대전에서 패전했다. 초토화된 상황에서 이 번에는 부국강병 중 '부국'의 방향으로 크게 선회해 기적 적인 경제 성장을 이루었다.

④ 1985년

일본의 막대한 무역 흑자에 제동을 걸기 위해 엔화 강 세를 유도했고, 수입 촉진을 목적으로 플라자합의를 체결 했다. 이 무렵 일본은 경제대국으로서 전성기를 맞이했으 나 버블 붕괴 후 현재까지도 경제 침체가 계속되고 있다.

이렇듯 40년 주기로 일어난 성쇠의 순환을 살펴보면 일본은 이제껏 일관되게 물질적인 풍요를 추구해 왔으며 타국과 끊임없이 경쟁해 왔다는 것을 알 수 있다. 특히 전 후에는 경제성장 지상주의에 치우쳐 기업도, 개인도 이익 과 부를 좇아 재산을 늘리는 데만 혈안이 되어 있었다.

사회와 경제가 계속 정체되어 발상 전환의 필요성이 제기되고 있는 지금도 이러한 상황은 거의 다르지 않다. 일본은 지금도 여전히 GDP의 아주 작은 변동에 일희일비하고, 상승 곡선만을 유일한 '선善'으로 여기며 조급해하고 있다.

　이는 욕망이라는 번뇌를 원동력으로 하여 '강한 자는 번성하고 약한 자는 쇠한다'는 우승열패의 원리만 따른 나머지, 어떤 상황에서도 물질적 풍요를 최우선으로 하는 패도霸道의 철학을 따르고 있다고 할 수 있다. 그야말로 '이익을 추구하는데 도리는 없는' 형국이다. 그러한 나라의 모습과 개인의 삶의 방식에서 우리는 아직도 빠져나오지 못하고 있다.

　하지만 그러한 가치관으로는 미래를 제대로 구축해 나갈 수 없음이 명백하다. 지금까지와 똑같이 경제 성장 속에서 국가의 정체성을 찾으려 한다면 40년마다 반복되는 성쇠의 순환을 무의미하게 되풀이할 뿐이다. 더욱이 이번에는 패전에 필적할 만한 최악의 상태로 치닫는 하강 곡선을 그리게 될 것이고, 그 속도에 제동을 걸기는 매우 어려우리라 본다.

국가나 지자체의 재정 적자 증대, 지지부진하게 제자리 걸음만 하고 있는 행정 및 재정 개혁, 저출산 고령화에 따른 사회 활력 저하 등 그 징후는 이미 충분히 드러나 있다. 이대로 손을 놓고 있다가는 다음 40년 후에 희망적인 미래상을 그리기는커녕 국가 자체가 멸망할 위기에 처할지도 모른다는 사실을 잊지 말자.

　자, 지금이야말로 경제성장 지상주의가 아닌 새로운 국가 이념, 개인의 삶을 위한 지침을 바로 세워야 한다. 이는 한 국가의 경제뿐만이 아니라 국제사회와 지구 환경에도 영향을 미치는 극히 중요하고 거대한 문제이기도 하다. 인간의 끝없는 욕망에서 비롯된 무한한 성장과 소비욕을 쇄신하지 않는 한, 유한한 지구의 자원과 에너지가 고갈되어 환경 자체가 파괴될 수도 있기 때문이다.

　이대로라면 일본이라는 나라가 파국을 맞게 되는 것은 물론이며, 인간은 자신들의 주거지인 지구 자체를 스스로 파멸시키는 결과를 맞을지도 모른다. 인간은 이 사실을 깨닫지 못해서인지, 알면서도 그러는 것인지 침몰해 가는 배 안에서도 그저 사치를 좇고 포식을 즐기는 행위를 멈추지 못하고 있다. 그 행위의 덧없음과 위험을 한시라도

빨리 깨닫고 어서 새로운 철학에 근거한 새로운 항해도를
그려야 할 것이다.

절도할 줄 아는
자연의 마음으로

그렇다면 새로운 철학을 어디서 찾아야 할까?

앞으로 인간이 삶의 근원으로 삼아야 할 철학을 한마디로 말하면, 나는 '만족을 아는 것'이라고 생각한다. 또한 그 만족할 줄 아는 마음에서 우러나는 감사와 배려를 토대로 타인을 먼저 생각하는 이타의 행위일 것이다.

이 '만족을 아는 삶'은 자연으로부터 배울 수 있다. 어떤 식물을 초식동물이 먹고, 그 초식동물을 육식동물이 먹으며 육식동물의 배설물과 사체는 땅으로 돌아가 다시 식물을 길러낸다. 이 '약육강식'이 지배하는 동식물의 세계도 넓은 관점에서 보면 '조화로운' 생명의 먹이사슬 안에 있다. 따라서 동물은 인간과는 달리, 자신들이 사는 세계의 법칙을 스스로 파괴하지 않는다.

만약 초식동물이 욕망이 지배하는 대로 식물을 전부 다 먹어치운다면 연쇄는 거기서 끊어지며 자신들의 생존이 위태로워짐은 물론 자연을 이루는 다른 생물들까지도 위기에 처하게 된다. 따라서 그들은 필요 이상으로는 욕심 내지 않는 '절도節度'의 능력을 본능적으로 갖추고 있다.

사자조차도 배가 부르면 더 이상 먹이를 사냥하지 않는다. 그것은 본능인 동시에 창조주가 부여한 '만족을 아는' 생활 방식이기도 하다. 그 만족을 아는 삶을 익히고, 지켜 왔기에 자연계는 오랫동안 조화와 안정을 유지해 올 수 있었던 것이다.

인간도 이 자연이 지닌 절도의 태도를 본받아야 한다. 원래 인간도 자연계의 주인이며, 한때는 그 자연의 섭리를 잘 이해하면서 자신들도 생명의 연쇄 속에서 살아왔다. 그런데 먹이사슬의 굴레에서 해방되면서 인간만이 순환 법칙의 바깥으로 나오게 되었다. 그로 인해 다른 생물과 공존을 꾀하는 겸허함마저 잃고 만 것이다.

자연계에서 인간만이 지닌 '고도의' 지성은 식량이나 공업 제품의 대량 생산을 가능케 했고 지성을 효율적으로 활용하는 기술도 발달시켰다. 하지만 결국 그 지성은 교만으로 바뀌어 자연을 지배하고자 하는 욕망이 더 강해져 버렸다. 동시에 만족을 아는 '절도'가 사라진 나머지 '더 갖고 싶다', '더 풍족해지고 싶다'는 에고가 전면에 드러났고, 그 결과 지구의 환경 전체를 위협하는 상황에 이르고 만 것이다.

이타는 언제나
이기보다 강하다

우리가 지구라는 배와 함께 가라앉지 않으려면 필요 이상으로 욕심을 내지 않는 자연의 절도 정신을 되찾는 수밖에 없다. 신이 인간에게만 부여한 지성을 진정한 지혜로 활용해, 스스로 욕망을 제어하는 방법을 익혀야 한다. 즉, '만족을 아는' 마음을 갖고 그 삶의 방식을 실천할 줄 알아야 한다. 지금 갖고 있는 것으로 만족하지 못한다면 무엇을 손에 넣은들 결코 만족할 수 없다.

앞으로는 국가와 개인의 목표를 물질적인 풍요에서만 찾을 게 아니라, 어떻게 하면 '마음의 부'를 누리며 살 수 있을지 그 방향을 모색해야 한다. 이것이 바로 노자가 "만족을 아는 사람은 부유하다"라고 강조한 '지족知足'의 삶이다.

"원하는 것을 가질 수 없을 때는 가질 수 있는 것을 원하라"라는 격언도 있지 않은가. 만족이야말로 '현자의 돌'이다. 인간의 안정은 지족에 있다는 사고관과 삶의 방식을 실천해 나가야 한다. 사욕을 정도껏 절제하고 약간 부족한 정도에서 만족하며 남는 것은 다른 사람과 나누는 여유로운 마음, 또는 다른 사람에게 주어 그를 채우는 배려심을 가져야 한다. 세상 물정을 모른다는 핀잔을 듣거나 말만 그럴듯하다는 소리를 들을지 몰라도 나는 이러한 사고가 반드시 한 국가는 물론, 나아가서는 지구를 구할 것이라고 믿는다.

단, '만족할 줄 아는 삶'이라고 해서 결코 현재에 만족하고 아무런 시도도 하지 않는다거나 정체감, 허탈감에 둘러싸여 세월만 보내는 삶을 일컫는 것은 아니다.

경제 상황에 비유해 보면 GDP 총액은 변함없지만 그 내실, 즉 산업 구조 자체는 계속 바뀌는 것을 이른다. 오래된 산업이 사라져도 한편에서는 새로운 산업이 생기는 역동성이 있어야 한다는 것이다. 즉, 만족을 아는 삶이란 인간이 가진 '고도의 지혜'로 새로운 것이 잇달아 생겨나고 건전한 신진대사가 끊임없이 이루어지며 활력과 창조성으로 가득 찬 것을 말한다. 그러한 것들이 실현될 때 인간은 '성장에서 성숙으로', '경쟁에서 공생으로' 같이 약간 뜬구름 잡는 말처럼 느껴지는 슬로건을 현실로 만들며 조화의 길을 걸어갈 수 있을 것이다.

그때라면 '이타'라는 덕을 동기로 한 새로운 문명이 탄생할지도 모른다. 더 편하게 살고 싶고, 더 맛있는 것을 먹고 싶고, 더 많은 돈을 벌고 싶은 인간의 욕망이 지금의 문명을 구축한 동기가 되었다면, 새로운 시대에는 타인을 더 잘되게 하고, 더 행복하게 해주려는 배려와 사랑을 통해 이타의 문명이 꽃을 피울 수도 있다.

미래의 문명이 어떤 형태가 될지는 확실히 알 수 없다. 어쩌면 실현될 수 없는 한낱 백일몽으로 끝날지도 모르는 일이다. 하지만 여러 번 되풀이해 말했듯이, 목표에 도달하는 것 자체보다도 그곳에 도달하려고 노력하는 자세가 더욱 중요하다. '그렇게 되고자' 노력하는 하루하루가 우리의 마음을 수양시켜 준다. 이러한 마음가짐을 통해 우리의 인격이 드높아진다면 지족이타知足利他의 사회로 이르는 여정도 그리 멀지 않을 것이다.

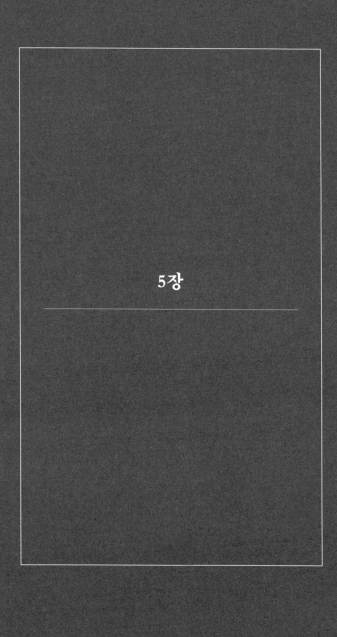

5장

우주의 흐름과 조화를 이뤄라

생명은 우연이 겹쳐서 생겨난 게 아니라 우주의 의지에 따라 생겨난 필연적인 소산물이다. 이 생각은 그다지 특이한 것이 아니며, 쓰쿠바대학의 전 명예교수인 무라카미 가즈오 역시 '섬싱 그레이트 something great'라는 말로 위대한 창조주의 존재를 명확히 표현했다.

그는 유전자 연구 분야의 세계적인 권위자인데, 유전자 연구를 하다 보면 이 우주에는 인간의 지식을 초월한 불가사의한 의지가 작용하고 있다고밖에 생각할 수 없다고 말한다.

유전자는 인간이든 동식물이든, 혹은 곰팡이나 대장균처럼 원시적인 생물이든 모두 네 개의 글자로 이루어진 일종의 '암호'로 정보가 기록되어 있다. 인간과 같은 고등생물이 단 네 글자의 정보로 이루어져 있다는 사실은 정말로 놀랍기만 하다. 그리고 인간의 세포 속에는 30억 개 이상의 유전자 정보가 쓰여 있는데, 이 정보량을 책으로 환산하면 1000페이지의 책 1000권이라는 방대한 분량에 달한다고 한다. 이 정도로 많은 정보를 가진 유전 자가 인간을 구성하는 60조 개의 세포 하나하나에 쓰여 있다.

더욱 놀라운 것은 그 유전자 정보가 쓰여 있는 DNA의 미세함이다. 지구상에 살고 있는 60억 인 구의 DNA를 전부 모아도 겨우 쌀 한 톨의 중량밖 에 되지 않는다고 한다. 그만큼 미세한 공간에 방 대한 양의 정보가 조금도 어긋남 없이 질서정연하 게 기록되어 있는 것이다.

게다가 지구상에 존재하고 있는 생물 모두가 같 은 네 글자로 이루어진 유전자 암호로 살아가고 있다. 이는 기적이라고 할 수 있으며, 어떤 우연에 의해 저절로 생겼다고는 보기 어렵다. 인간의 상상 을 훨씬 뛰어넘는, 우주 전체를 다스리는 '무언가 위대한 것'의 존재를 상정하지 않고서는 이 현상 을 도저히 설명할 수 없다. 그래서 무라카미 선생은 그러한 위대한 존재를 '섬싱 그레이트'라고 명명한 것이다.

'섬싱 그레이트'가 정확히 무엇인지는 알 수 없으나, 우주와 생명을 만들어낸 위대한 존재를 가리키는 것은 분명하다. 그것을 신이라 부르는 사람도 있지만 나는 '우주의 흐름' 또는 '의지'라고 부른다. 물론 어느 쪽이든 인간의 한정된 능력으로는 평생 밝혀낼 수 없는 존재일 것이다. 하지만 그런 위대한 '무언가'가 존재한다는 사실은 인정할 수밖에 없다. 그렇지 않고서는 이 우주의 생성과 발전, 그리고 생명의 신비하고도 정교한 구조를 설명할 수 없기 때문이다.

우리 인류는 그 위대한 존재로부터 단지 생명력을 '빌려' 사용하고 있을 뿐이다. 즉, 우주에는 창조주의 손과 같은 생명 에너지가 널리 퍼져 있어 모든 것에 끊임없이 생명을 불어넣고 있다. 이는 모든 존재를 소생시키려는 우주가 품고 있는 사랑과 힘의 발로이기도 하다.

40~50년 전쯤 교세라가 재결정 보석 합성에 처음 성공했을 때도 나는 그러한 우주의 의지를 느꼈다. 재결정 보석은 천연 보석과 완전히 동일한 조성으로 이루어진 인공 보석으로, 인조 에메랄드의 경우 에메랄드와 똑같은 성분의 금속산화물을 고온에서 천천히 식히는 방법으로 제조한다. 벌겋게 녹은 성분을 식히는 과정에서 소위 핵심 재료인 작은 천연 결정을 넣어 마치 동식물을 기르듯이 재결정시키는 것이다. 하지만 그 재료를 넣는 타이밍이 굉장히 미묘하고 어렵다. 너무 빨리 넣으면 고온이라 결정이 녹아버리고 반대로 너무 늦게 넣으면 결정을 제대로 키워낼 수가 없다.

결국 7년에 걸친 시행착오 끝에 재결정에 성공했다. 딱 맞는 타이밍에 넣은 천연의 작은 결정이 '성장해 가는' 모습은 마치 생명체가 성장하는 모습을 보는 것과 같아서, 그곳에는 결정을 성장시키는 그 무언가가 있는 것처럼 생각되었다.

이처럼 우주에는 물질에 생명력을 불어넣고 소생시키려는 고요하고도 강인한 의식이나 생각, 소망, 사랑, 힘, 에너지 같은 것들이 비록 눈에 보이지는 않아도 확실하게 존재한다. 이것은 무한한 공간에 널리 퍼져 모든 생명력의 근원이 되며, 그 탄생과 성장, 소멸을 다스리는 모든 사물과 현상의 모체이자 동력이기도 하다.

'우주의 의지', '섬싱 그레이트', '창조주의 보이지 않는 손', 뭐라고 부르든 상관없지만, 이처럼 과학의 척도로 측정할 수는 없어도 불가사의한 힘과 지성이 존재한다는 사실을 믿고 살아가는 것이 중요하다. 이 보이지 않는 힘이 인생의 성패를 결정지을 뿐만 아니라 인간이 지닌 '교만'이라는 악을 없애고, 겸허의 덕과 선을 가져다주기 때문이다.

좋은 원인이
나쁜 결과로 통할 리 없다

사람의 인생에는 인생을 근본적으로 지배하는 '보이지 않는 힘'이 두 개 있다. 그중 하나는 '운명'이다. 사람은 각자 고유의 운명을 갖고 이 세상에 태어나 자신의 운명이 어떠한지도 모른 채 운명에 이끌려, 혹은 쫓기며 살아간다. 반론을 제기할 사람도 있겠지만 나는 운명이라는 것이 엄연히 존재한다고 믿는다.

사람은 확실히 자신의 의사가 영향을 미치지 못하는 커다란 '무언가'에 지배되어 살아간다. 그 무언가는 인간의 희로애락에 관계없이 큰 강과도 같은 일생을 관통해 거침

없이 흐르며, 단 한순간도 쉬지 않고 우리를 드넓은 바다로 데려간다.

그렇다면 인간은 운명 앞에서 완전히 무력한 걸까?

나는 그렇지 않다고 생각한다. 또 하나, 인생을 근본적인 곳에서 다스리는 또 하나의 보이지 않는 힘이 있기 때문이다. 그것이 바로 '인과응보의 법칙'이다.

즉, 좋은 일을 하면 좋은 결과가 나오고 나쁜 일을 하면 나쁜 결과가 나온다. 좋은 원인은 좋은 결과를 낳고 나쁜 원인은 나쁜 결과를 낳는다. 이 논리는 인생에 생기는 모든 일에서 원인과 결과를 똑바로 연결해 주는 단순하고도 명료한 법칙이다.

우리에게 일어나는 모든 일에는 반드시 원인이 있다. 그것은 다름 아닌 자신의 생각과 행동이며, 그것들은 틀림없이 '원인'이 되어 '결과'를 만들어낸다. 당신이 지금 무언가를 생각하고 어떤 행동을 한다면, 그것들은 모두 원인이 되어 반드시 어떤 결과로 이어질 것이다. 또한 그 결과에 대한 대응이 다시 또 다음에 생기는 일의 원인으로 작용한다. 이 인과율의 무한한 순환은 '운명'과 함께 인간의 인생을 지배하는 섭리이다.

1장에서 마음이 부르지 않는 것은 가까이 다가오지 않으며, 따라서 인생은 마음이 그리는 대로 흘러가게 되어 있다고 말했는데 이 역시도 인과응보의 법칙에 의한 것이다. 우리가 생각하고 행동한 일이 씨앗이 되어 그대로 현실에 가져다준다. 또한 3장에서 마음을 수양하고 인격을 높이는 일의 중요성을 강조한 것도 이 인과응보의 법칙에 따르면 수양된 좋은 마음이 좋은 인생을 가져오는 원인으로 작용하기 때문이다.

'운명'과 '인과응보'라는 두 가지의 큰 원리는 모든 사람의 인생을 지배한다. 우리의 인생이라는 천은 운명이라는 날실과 인과응보의 법칙이라는 씨실이 얽혀 짜낸 것이며, 인생이 운명대로 되지 않는 것은 인과응보가 지닌 힘이 함께 작용하기 때문이다. 또한 선행이 곧바로 좋은 결과로 이어지지 않는 것도 운명의 간섭 때문이라고 할 수 있다.

이때 중요한 것은, 인과응보의 법칙이 운명보다 약간 더 강하다는 사실이다. 인생을 다스리는 이들 두 가지 힘 사이에도 역학관계가 존재하는데, 인과관계가 지닌 힘이 운명이 지닌 힘을 조금 더 상회한다. 그렇기에 우리는 인과응보의 법칙을 사용해 타고난 운명마저도 바꿔나갈 수 있는 것이다. 따라서 선한 생각, 선한 행동을 하면 운명의 흐름을 좋은 방향으로 바꿀 수도 있다. 즉, 인간은 타고난 운명에 지배받지만 자신의 좋은 생각과 행동으로 충분히 운명을 바꿀 수 있는 존재이다.

인과응보는
운명을 이긴다

운명은 결코 숙명이 아니며 인과응보의 법칙으로 얼마든지 바꿀 수 있다. 이는 내가 멋대로 생각한 말이 아니며, 수많은 정치가와 경제인에게 영향을 미친 사상가 야스오카 마사히로가 중국 고전『음척록陰騭錄』을 연구한 저서를 통해 배운 내용이다.

『음척록』은 명나라 시대에 정리된 책으로, '원료범'이라는 인물에 관한 이야기를 소개하고 있다. 원료범은 대대로 의술을 가업으로 하는 집안에서 태어나 일찍이 아버지를 여의고 어머니 손에서 자랐다. 그가 가업을 잇고자

의학을 배우던 소년 시절, 느닷없이 한 노인이 찾아왔다. 그 노인은 자신이 역학을 연구하는 사람인데 천명을 좇아 소년에게 역학의 진수를 전해주러 왔다고 밝혔다. 그러고 나서 노인은 어머니에게 이렇게 말했다.

"어머님은 이 아이를 의사로 만들고 싶어 하실지 모르지만 이 아이는 그 길로 가지 않습니다. 나중에 과거 시험을 보고 관리가 될 것입니다."

노인은 원료범이 몇 살 때 어떤 시험을 치러 몇 명 중에서 몇 등으로 합격하는데, 젊은 나이에 지방의 장관으로 임명되어 출세하지만 결혼해도 자식은 생기지 않으며 53세에 죽을 것이라고 예언했다. 놀랍게도 원료범의 인생은 모두 그 예언대로 되어갔다.

지방 장관이 된 그는 어느 날 고명한 노스님이 있는 선사에 찾아가 함께 좌선을 했다. 무념무상으로 좌선하는 원료범의 훌륭한 모습을 보고 노스님이 감탄하며 물었다.

"한 점 구름 없는 훌륭한 좌선을 하는구나. 대체 어디서 수행을 하였는가?"

원료범은 수행 경험이 없다고 말하며 소년 시절에 만난 노인의 이야기를 들려주었다.

"저는 그 노인이 말한 대로 인생을 살아왔습니다. 53세가 되면 죽는 것도 제 운명이겠지요. 그러니 이제 와서 새삼 고민할 일도, 괴로울 일도 없습니다."

그런데 그 말을 들은 노스님은 호통을 쳤다.

"젊은 나이에도 기특하게 깨달음의 경지에 오른 인물인가 했더니 실상은 어리석기가 짝이 없구나. 그저 운명에 순종하는 것이 자네 인생인가? 운명은 하늘이 준 것이지만 결코 사람의 힘으로 바꿀 수 없는 것도 아니네. 좋은 생각을 하고 좋은 행동을 하면 앞으로의 자네 인생은 운명을 넘어서 한층 더 훌륭한 방향으로 바뀌어갈 걸세."

노스님은 인과응보의 법칙을 설명한 것이다. 원료범은 이 말을 순순히 받아들이고 이후 나쁜 일을 하지 않도록 명심하면서 선행을 쌓아나갔다. 그 결과 생기지 않을 것이라던 아이도 태어나고, 수명 또한 예언된 나이를 훨씬 넘겨 천수를 누렸다.

이와 같이 하늘이 정한 운명도 자신의 힘으로 바꿀 수 있다. 좋은 생각을 갖고 올바른 행동을 거듭해 나가면 거기에 인과응보의 법칙이 작용해 운명이 정해준 것보다 더 만족스러운 인생을 살아갈 수 있다. 야스오카 선생은 이

것을 '입명立命'이라고 했다.

하지만 현실에는 이 섭리와 법칙을 믿는 사람이 드물며, 오히려 비과학적이라고 비웃는 사람이 훨씬 많다. 근대적 지성에 비추어보면 운명론은 미신일 뿐이며, 인과응보의 법칙 역시 단순히 '나쁜 일을 하면 천벌이 내린다'며 아이들을 가르칠 때 쓰는 도덕적 방편에 불과하다고 폄하하기도 한다. 물론 지금의 과학 수준에서는 보이지 않는 힘의 존재를 증명할 방법이 없다.

만약 선한 행동이 금세 좋은 결과로 나타난다면 사람들은 '역시 그렇군!' 하면서 믿을지도 모르지만, 원인이 당장 결과로 연결되는 일은 거의 없다. 오늘 좋은 일을 했다고 내일 바로 좋은 결과가 나오는 경우도 좀처럼 찾기 힘들다. 또한 1 더하기 1의 해답이 정확히 2인 것처럼 B라는 결과가 나온 것은 A라는 원인 때문이라고, 그 인과관계가 명료하게 드러나는 일도 드물다. 앞서도 말했듯이 운명과 인과응보의 법칙은 서로 교차하여 우리의 인생을 지배하기 때문이다.

이들은 서로 간섭한다. 운명적으로 나쁜 시기에는 조금 선행을 해도 강한 운명의 힘에 밀려 좋은 결과로 이어지지 않기도 한다. 마찬가지로 운명적으로 좋은 시기에는 조금 나쁜 일을 해도 그다지 나쁜 결과가 나타나지 않는 경우가 자주 있다.

선행은 풀숲 속 참외처럼
숨어 자란다

인과응보의 법칙이 눈에 잘 보이지 않는 것은 사물을 '짧은 기간'으로 인식하기 때문이다. 어떤 생각이나 행동이 결과로 나타나는 데는 역시 그에 상응하는 시간이 걸리기 마련이므로 2년이나 3년의 짧은 단위로는 결과를 보기 힘들다.

하지만 20년, 30년이라는 긴 단위로 보면 인과응보의 결과는 정확하다. 나는 사업을 시작한 지 60년이 넘게 지나는 동안 많은 사람의 다양한 흥망성쇠를 지켜보았다. 역시 30년, 40년이라는 긴 기간으로 보면 대부분의 사람이 평소의 행동과 삶에 걸맞은 결과를 맞이하고 있다는 것을 알 수 있다.

긴 안목으로 볼 때 성실하고 선한 인물이 언제까지나 불우한 상태에 머물러 있지는 않으며, 게으르고 무책임하게 살아온 사람이 줄곧 영화를 누리는 일도 없다. 물론 무언가 나쁜 행동을 하더라도 요행이나 우연으로 일이 잘되는 경우도 있고, 반대로 선한 마음가짐으로 좋은 행동을 한 사람이 일시적으로 불운에 휘말려 고생하는 경우도 분명히 있다. 그러나 모두 시간이 지나면 점점 바로잡히기 마련이다. 결국은 모두 자신의 언동과 사고에 따른 결과를 얻게 되어 그 '인간'에 걸맞은 결과를 얻는다. 이는 무서울 정도로 정확해서 원인과 결과가 딱 들어맞는 등호의 관계가 이루어진다.

단기적으로는 어떻든, 장기적으로 보면 좋은 원인은 반드시 좋은 결과로 통하고 나쁜 원인은 나쁜 결과를 불러들여 인과의 이치가 딱 들어맞게 되어 있다. 교세라는 옛날에 경영난에 빠져 있던 복사기 제조사 미타공업을 지원해 새로운 회사 '교세라미타'를 설립하고 재건에 착수한 적이 있다. 그 후 실적이 착실히 개선되어 막대한 채무도 예정보다 훨씬 빨리 상환할 수 있었고, 지금은 교세라 그룹의 중심 사업 중 하나로 성장했다. 여기에는 교세라의 정보기기 부문 본부장이던 인물이 지대한 공헌을 해주었다.

그는 교세라미타의 사장직을 맡아 이 기업을 회생시키는 데 일조한 인물인데, 사실 훨씬 전에 한 신규 통신기기 회사에서 공장장을 지낸 적이 있었다. 그 기업은 당시 통신 시장이 호황을 맞으며 급격히 성장했지만 그 붐이 가라앉자 빠르게 실적이 악화되었던 곳이다. 교세라가 지원 의뢰를 받고 그 기업을 그룹의 일원으로 편입해 정상화시키면서 그와 인연을 맺게 되었다. 벌써 40년도 더 지난 이야기이다.

이때 재건하면서 겪은 고생은 이루 말할 수 없다. 게다가 직원들 가운데 일부 과격한 노동조합원들이 여러 무리한 요구를 내세우며 문제 해결을 종용하기도 했는데, 그들은 내 집에까지 찾아와 악질적인 비방과 중상모략을 일삼는 바람에 나도 상당히 불쾌했을뿐더러 교세라 역시 큰 손실을 입었다.

곤경에 처한 회사와 직원들을 도왔는데도 그런 꼴을 당

해 무척 힘들었지만 나는 필사적으로 견뎌냈다. 그러는 동안 점차 많은 직원이 나를 이해하게 되었고 마침내 '교세라가 우리를 살렸다', '이나모리 사장에게 구원받았다'는 말을 듣게 되었다. 그중 한 사람이 아까 말한 교세라미타의 초대 사장이었다. 그는 이렇게 도움을 받다가 이번에는 미타공업을 도와주는 입장이 된 것이다. 그는 감개무량한 심정을 이렇게 전했다.

"도움받은 사람이 이번에는 도움을 주는 입장이 되었으니, 운명을 느끼지 않을 수가 없습니다. 미타공업을 재건함으로써 그때의 은혜를 갚을 기회를 얻었으니 얼마나 기쁜지요."

그 말을 듣고 나는 오랜 안목으로 보면 역시 '인과는 순환한다'는 사실을 뼈저리게 느꼈다. 좋은 행위가 나쁜 결과로 끝나는 일은 없다. 일시적으로는 험한 고생을 겪었지만 결국은 재건에도 성공하고 직원들에게 감사의 말도 들었다. 그러한 '선순환'의 흐름은 더욱 넓어질 것이라고 확신한다.

중국 명나라 말기에 지어진 『채근담』에도 이런 말이 나온다.

"선행을 해도 그 대가가 보이지 않는 것은 풀숲 속에 숨어 자라는 참외와 같다."

사람의 눈에는 보이지 않더라도 훌륭하게 성장하고 있다는 뜻이다. 원인에 따른 결과가 나타나기까지는 시간이 걸리기 마련이다. 이 말을 기억하며 결과에 노심초사하지 말고 평소 선행에 힘써라.

인과응보는
우주의 의지이다

결과적으로 인과응보의 법칙이 성립하는 까닭은 '자연의 섭리'를 따르기 때문이다. 오랜 기간을 두고 보면 좋은 원인이 나쁜 결과를 부르거나 나쁜 원인이 좋은 결과를 부르는 인과관계는 결코 일어나지 않는다.

모든 일은 선인선과善因善果와 악인악과惡因惡果의 순리대로 이어지며, 이는 그 자체가 하늘의 이치와 뜻에 따른 섭리이기 때문이다.

우주 창조의 과정을 생각해 보면 이해하기 쉽다. 엄청난 고온, 고압의 소립자 덩어리가 약 130억 년쯤 전에 대폭발을 일으켜 우주를 만들었고, 우주는 지금 현재도 계속해서 팽창하고 있다. 이것이 '빅뱅 이론'으로 현재 우주 물리학에서는 거의 정설로 통한다. 빅뱅 이론에 따르면 우주는 마치 그 자체가 하나의 생명체인 것처럼 끝없이 성장을 계속하고 있다고 할 수 있다.

물질을 형태로 만드는 것은 원자이며, 이 원자의 핵(원자핵)은 양자, 중성자, 중간자로 구성되어 있다. 게다가 양자와 중성자를 부숴보면 거기서 소립자가 나온다. 물질을 계속 파고들면 이처럼 '소립자'로 환원된다는 사실을 알 수 있다. 즉, 우주는 태초에 빅뱅으로 소립자끼리 결합했고, 그로 인해 양자와 중성자, 중간자가 생겨났으며 그것이 원자핵을 형성해 전자를 통과시킴으로써 원자가 생겨났다. 또한 핵융합을 통해 여러 종류의 원자가 만들어지고 그 원자들이 결합해 분자를 만들었다. 이 분자가 또 결합해서 고분자를 형성하고 고분자는 DNA라는 유전자를 흡수해서 마침내 '생명'을 탄생시킨 것이다.

그 원시적인 생명체가 엄청난 세월을 거쳐 진화를 거듭하고 마침내 인류와 같은 고도의 생명체를 만들어내기에 이르렀다. 그리고 보면 우주의 역사는 소립자에서 고등 생명체로 진화하고 발전한 역동적인 과정이라고도 할 수 있다.

그렇다면 왜 그러한 진화가 일어난 것일까? 태초에 존재하던 소립자는 소립자인 채로 있어도 상관없지 않은가? 아니면 원자 단계에서 멈출 수도 있을 터인데, 왜 한순간도 쉬지 않고 계속해서 생성과 발전을 반복해 마침내 '인류'라는 고등 생물로까지 진화한 것일까?

우연의 반복일 것이라는 의견도 있다. 하지만 그 끊임없는 성장과 진화가 단순히 우연에 의해 일어나고 목적 없이 이루어졌다고 생각하는 편이 오히려 더 부자연스럽다. 그보다는 하늘의 뜻에 따라 필연적으로 일어났다고 보는 것이 합리적일 것이다.

다시 말해 우주에는 한순간도 정체되지 않고 모든 것을 생성, 발전시키는 의지와 힘, 또는 기氣와 에너지의 흐름 같은 것이 존재한다. 게다가 그것은 모두 '선의'에 의한 것이며 인간을 비롯한 생물에서 무생물에 이르기까지 모든 것을 좋은 방향으로 이끌려 한다. 좋은 일을 하면 좋은 일이 일어난다는 인과응보의 법칙이 성립하는 것도, 또한 소립자가 소립자 상태로 머물지 않고 원자, 분자, 고

분자와 결합을 반복하면서 지금도 진화를 멈추지 않는 것도 모두 그러한 흐름과 힘이 작용하기 때문이다.

삼라만상 모든 것을 성장하고 발전시키기 위해 살아 있는 모든 것을 선의 방향으로 이끌려 하는 것이 바로 우주의 의지이다. 우주는 그러한 사랑과 자비의 마음으로 가득 차 있다. 따라서 그 큰 의지와 사랑에 조화를 이루는 사고방식과 생활양식을 갖는 것이 무엇보다도 중요하다. 좋은 생각과 좋은 행동은 그 자체로 '선'을 향한 우주의 의지를 따르는 일이므로 당연히 더 좋은 결과, 훌륭한 성과로 이어진다.

즉, 지금까지 이야기한 감사와 성실, 열심히 일하는 자세와 올곧은 마음, 자기반성, 원망하거나 시기하지 않는 마음, 자신보다 타인을 배려하는 이타의 정신처럼 '선한 생각과 행위'는 모두 우주의 뜻에 따른 행동이다. 이 덕목들을 지켜나가다 보면 사람은 필연적으로 발전하는 방향으로 나아가게 되어 있고, 운명 또한 더욱 훌륭한 방향으로 바뀐다. 우주의 의지가 이끄는 흐름에 동조하느냐, 아니냐에 따라 인생과 일의 성패가 결정되는 것이다.

원리는 무척 간단하다. 우주 자체가 모든 것을 잘되게

하려는 의지를 갖고 있기에 우주에 속한 모든 것에도 성장과 발전을 촉진한다. 그래서 우주에 존재하는 모든 것은 성장하고 발전하는 것이 본연의 모습이다.

우리 인간도 예외가 아니다. 그러므로 우주의 의지와 같은 사고방식, 삶의 방식으로 살아가면 일과 인생에서도 반드시 원하는 바를 이룰 수 있을 것이다. 그러니 이를 명심해 지금 당장 나타나는 결과에 연연하지 말고 평소에 꾸준히 선행을 쌓도록 노력해 나가야 한다.

내가 불문에 들어가기로
결심한 이유

그렇다면 우주의 의지, 혹은 창조주는 무엇을 위해 우리를 이 세상에 탄생시킨 것일까? 왜 한 번뿐인 생을 내려주었으며, 그 생은 어째서 끊임없는 성장과 발전을 그 본연으로 삼은 것일까? 또한 우리는 어떻게 살아가야 그 심오한 물음에 답할 수 있을까?

스스로를 향한 이 질문은 인간의 지식이 도저히 미칠 수 없을 만큼 거대하지만, 나는 '마음을 수양하는 것' 외에 그 답은 없다고 생각한다. 지금까지 여러 차례 언급했듯이 태어났을 때보다 조금이라도 선한 마음, 아름다운 마음으로 죽는 것, 또한 살아가는 동안 좋은 생각과 행동에 힘쓰고 부지런히 인격을 도야함으로써 생의 기점보다 종점에서 영혼의 품격이 조금이라도 높아지게 하는 것, 그 외에 자연과 우주가 우리에게 생을 내려준 목적은 없다.

그 큰 목적 앞에서는 내세에서 쌓은 재산, 명예, 지위 같은 것은 아무런 의미도 없다. 제아무리 출세하고 사업에 성공했어도, 또는 평생 동안 다 쓰지 못할 정도의 부를 이루었어도 인격을 기르고 마음을 수양하는 일의 소중함에 비하면 모두 먼지처럼 하찮을 뿐이다.

우주의 의지가 의도하고 결정한 '인간이 최종적으로 추구해야 할 가치'는 오로지 마음의 연마에 있으며, 우리는 그 정신 수행과 시련의 장으로서 인생을 부여받았다. 나는 마음을 갈고닦아 인격을 높이려면 일상생활에서의 정진이 가장 중요하다는 사실도 지금까지 되풀이해 강조했다. 석가모니가 설파한 육바라밀에 집약되어 있는 여섯 가지 수행법, 즉 보시, 지계, 정진, 인욕, 선정, 지혜를 살아가며 매일 끊임없이 마음에 새긴다면 우리의 마음과 정신을 향상시킬 수 있을 것이다.

나는 어렴풋하게나마 인생 내내 이러한 진리를 느끼며 살아왔는데, 65세를 맞이했을 때 다시 한번 '인생이 무엇인지'를 배우고자, 그리고 진정한 신앙을 갖고자 득도식을 올리고 불문에 귀의했다. 사실 오래전부터 60세가 되면 현직에서 은퇴해 부처님을 섬기는 몸이 되고자 했으나 환갑 무렵 휴대전화 사업에 진출하면서 계획이 어긋난 것이었다. 그러나 65세가 되었을 무렵 더 이상 미루어서는 안 되겠다고 판단해 교세라와 다이니덴덴 양쪽에서 명예회장으로 물러나 불교에 귀의했다.

원래부터 나는 내 인생을 세 시기로 나누어 생각했다. 이 세상에서의 수명을 80년으로 상정해 제1기의 20년은 이 세상에서 태어나 혼자 독립해 인생을 걸어가기 시작할 때까지이고, 제2기는 사회에 나가 연구에 몰두하면서 세상과 인류를 위해 일하는 시기로 20세부터 60세까지의 40년이다. 그리고 제3기는 60세부터 20년간으로 죽음, 즉 영혼의 여행길에 오르기 위한 준비 기간이다. 사회에 나오는 데 20년의 준비 기간이 필요했듯이 죽음을 맞이하기 위한 준비에도 20년의 시간이 필요하다고 생각했기 때문이다.

죽음을 기해 우리의 육체는 사라지지만 마음과 영혼은 죽지 않고 영세에 남는다. 따라서 현세에서의 죽음은 어디까지나 영혼의 새로운 여행이 시작되는 것에 불과하다. 그리고 여행을 떠나려면 꼼꼼한 대비가 필요하기에, 마지막 20년 동안은 인생이 무엇인지를 새로이 배우며 죽음을 맞이할 준비를 하고자 득도를 결의한 것이다.

온 힘을 다해
지키려는 마음으로

불교 귀의와 그 후의 수행은 역시 엄숙하고도 강렬한 체험이었다. 탁발 수행을 통해 부처의 자비를 더욱 강렬히 느끼기도 했고, 출가 후에 새로이 만난 세상이 있는가 하면 그 이전과 다름없이 노력하면 된다고 생각하는 일도 있었다.

"깨달음을 얻기 전에 나무를 하고 물을 길었다. 깨달음을 얻은 후에도 나무를 하고 물을 긷고 있다."

선종에는 이런 말이 있다. 나 또한 불문에 들어간 후에도 변함없이 속세의 티끌과 먼지에 때가 묻은 채 살아가고 있지만, 동시에 내면에서 무언가가 확실히 달라졌다는 것을 느끼기도 한다. 이를테면 수행을 통해 새삼 나 자신의 미숙함을 통감하기도 했다. 나는 지금껏 기업의 최고 경영자로서 부하 직원과 임원들을 통솔하면서 잘난 척 훈시도 하고, 마치 세상사를 다 안다는 듯 책을 쓰고 강연을 다니기도 했다. 수행을 하며 그런 나의 내면에 숨어 있는 불완전함과 위화감을 들여다보고 반성했다.

또한 정말 훌륭한 사람은 '무명의 들판'에 있다는 것도 다시금 가슴에 새겼다. 내가 정말로 훌륭하다고 생각하는 사람은 아름다운 마음을 지닌 사람이다. 소박한 마을의 골목길에 살고 있는 상냥한 노파이기도 하고, 도시 한구석에서 목표를 향해 노력하는 젊은이이기도 하다. 이들은 명예와 자산을 얻고 성공을 이룬 사람보다 훨씬 더 뛰어나고 깊은 배려심을 갖고 살아간다. 나는 수행을 통해 이 사실을 새삼 알아차리게 되었다.

또 한 가지, 역설적이기는 하지만 아무리 수행에 힘쓴다 해도 우리 같은 평범한 사람들은 쉽게 깨달음의 경지에 이를 수 없다. 보통의 인간이 깨달음의 경지에 도달하기란 어차피 불가능하다는 것을 나는 뼈저리게 통감했다.

득도식 때 의례를 주관하는 스님은 열 가지 정도의 계
열을 나열하며 "계율을 잘 지키겠는가?"라고 묻는다. 거
기에 "잘 지키겠습니다"라고 대답함으로써 비로소 득도
를 인정받는 것이다. 이렇게 지계를 굳게 맹세하고 승려
가 되었지만 나는 아마 완전히 계율을 지키지는 못할 것
이라고 생각한다.

아무리 지계에 힘쓰고 정진을 거듭하며 수백 시간 좌선
을 실천해도 나는 끝내 깨달음에 이를 수 없을 것이다. 나
처럼 의지가 약하고 번뇌에서 완전히 빠져나오지 못하는
인간은 마음을 연마하기 위해 아무리 선행을 하려고 한들
사욕을 완전히 없애지는 못하기 때문이다. 변함없이 이타
심을 유지하는 것도 불가능하다. 아무리 악행을 경계하고
계율을 지키려 노력해도 파계破戒에서 완전히 벗어날 수
없다. 나를 포함해 인간이란 그만큼 어리석고 불완전한
존재이다.

하지만 그것만으로도 충분하다는 것을 나는 잘 알고 있
었다. 노력해도 끝내 그렇게 되지는 못하겠지만, '그렇게
되려고 노력하는 자체'가 소중하다. 계율을 완전히는 지
키지 못해도 지키려 하는 마음, 지켜야 한다는 신념, 지키

지 못한 것을 진지하게 반성하고 자숙하는 자세가 중요한 것이다. 그러한 마음을 지니고 살아간다면 비록 깨달음에 이르지는 못할지라도, 마음이 충분히 연마되어 마침내 구원으로 통할 수 있을 것이다. 이러한 진리를 나는 득도와 수행으로 믿게 되었다.

신이나 부처 혹은 우주의 의지는 무언가를 '이루어낸' 사람을 사랑하는 것이 아니라, 무언가를 '이루려고 노력하는' 사람을 사랑한다. 이루고자 하지만 이루지 못한 스스로의 부족함을 반성하고, 내일부터라도 다시 이루려고 노력하는 사람을 구원한다.

지키려고, 이루려고 노력하는 것만으로도 마음을 수양할 수 있다. 그리고 우리는 구원받을 수 있다. 즉, 마음을 갈고닦으려는 마음과 행동이 귀중한 것이며 그 과정을 통해 충분히 마음을 수양할 수 있다. 그러한 것이야말로 부처의 자비에 부합하며 우주의 의지를 따르는 행위이기 때문이다.

인간의 마음이
끌어당기는 것

나는 인간의 마음이 다중 구조로 이루어져 있고 동심원상에 여러 개의 층을 구성하고 있다고 생각한다. 바깥쪽부터 안쪽으로, 여러 개의 층이 다음과 같은 순서로 자리하고 있는 것이다.

① 지성: 후천적으로 익힌 지식과 논리
② 감성: 오감과 감정 등의 정신 작용을 다스리는 마음
③ 본능: 육체를 유지하기 위한 욕망
④ 혼: 진아眞我가 현세에서의 경험과 업을 쌓은 것

⑤ 진아: 마음의 중심에서 핵을 이루는 것. 진·선·미로 채워져 있음

사람 마음의 중심부에는 '진아'가 있고 그 주위를 '혼'이 감싸고 있으며 혼의 바깥쪽은 본능이 덮고 있다. 이를 테면 갓 태어난 아기가 배가 고플 때 모유를 찾는 것은 마음의 가장 바깥쪽에 위치한 본능이 하는 일이다. 그리고 성장하면서 본능의 바깥쪽에 감성을 형성하고, 나아가 지성을 갖추어간다.

즉, 인간이 태어나 성장하는 과정에서 중심부만 있던 마음은 바깥쪽으로 점차 층을 만들어간다. 반대로 나이가 들고 노화가 진행될수록 바깥쪽부터 점점 벗겨져 떨어진다. 예를 들어 치매가 진행되면 우선 지식과 논리적 추론 등 지성의 기능이 쇠퇴하고 아이처럼 감정적으로 변하는데, 머지않아 감정과 감성조차도 둔해져 본능마저 노출된다. 그러다 결국은 그 본능, 혹은 생명력이 엷어지면서 점차 죽음에 다가가는 것이다.

이때 중요한 것은 마음의 중심부를 이루는 '진아'와 '혼'이다. 이 두 가지는 어떻게 다를까? 진아는 요가에서

도 흔히 쓰는 말인데, 문자 그대로 중핵을 이루는 마음의 심지, 진짜 의식을 가리킨다. 불교에서 말하는 '지혜'가 바로 진아이고, 여기에 이르는 깨달음을 얻으면 우주를 관통하는 모든 진리를 알 수 있다. 부처와 신의 생각이 투영되고 우주의 의지가 표현된다고 할 수 있다.

불교에서는 '산천초목 실개성불_{山川草木悉皆成佛}' 즉, 존재하는 모든 것에는 불성이 깃들어 있다는 사고관이 있다. 진아는 그 불성 자체이고 우주를 우주답게 하는 예지 그 자체이다. 모든 사물과 현상의 본질, 만물의 진리를 의미하기도 한다. 그것이 우리의 마음 한가운데에도 존재하고 있다.

진아는 불성 자체인 만큼 지극히 아름답다. 사랑과 정성, 그리고 조화로 가득 차 있고 진·선·미를 겸비하고 있다. 인간이 진·선·미를 동경하는 까닭은 마음 한가운데에 진·선·미 자체를 갖춘 훌륭한 진아가 있기 때문이다. 애초에 마음속에 갖춰져 있기에 우리는 그것을 추구하지 않을 수 없다.

재난을 만나면
기뻐하라

그런가 하면 '혼'은 진아를 감싸듯이 둘러싸고 있다. 진아가 실오라기 하나 걸치지 않은 순수한 알몸이라면 혼은 그 몸을 덮은 옷이라고 할 수 있다. 그 옷에는 각각의 혼이 경험해 온 생각과 행동, 의식과 체험이 모두 축적되어 있다. 현세에서 자신이 이루어온 많은 사념과 행위 또한 이에 더해진다. 즉, 혼은 그것이 수차례 다시 태어나는 동안에 쌓인 좋은 생각과 나쁜 생각, 좋은 행동과 나쁜 행동까지도 모두 아우른, 우리 인간의 '업業'을 포함하고 있다. 이 혼이 진아라는 마음의 중핵을 감싸고 있기에 진아가 만인에게 공통하는 데 반해, 혼은 사람에 따라 다르다고 할 수 있다.

어렸을 때 어머니에게 "너는 혼이 맑지 않아"라는 말을 들은 적이 있다. 내 고향인 가고시마에서는 근성이 좋지 않거나 비뚤어진 성격을 그렇게 표현하는데, 어린 나의 혼에 무언가 좋지 않은 업이 들어 있어 그것이 내 마음의 일부를 비틀거나 더럽혔던 것이 아닐까 싶다. 그것이 어머니의 눈에는 보인 것이리라.

그렇다면 혼에 때처럼 끼어 있는 '업'이란 무엇일까? 업에 관한 깊은 가르침을 준 분은, 내가 불가에 입문할 때 나를 이끌어준 니시카타 단세쓰 노스님이었다.

벌써 40년도 더 지난 이야기이지만, 교세라가 아직 인허가를 받지 않은 상태에서 파인세라믹 제품인 인공관절을 제조하고 판매해 매스컴에서 비난을 받은 적이 있다. 당시 교세라는 이미 파인세라믹 고관절을 허가받아 제조하고 있던 상황이었고, 의사와 환자가 너무 간절히 요청한 나머지 그 기술을 응용해 무릎관절을 제조·판매한 것이었다. 즉, 인허가 없이 제조하고 판매한 것은 사실 고의가 아니었지만, 나는 아무런 변명도 하지 않고 비판을 그

대로 받아들이겠다고 각오했다.

나는 단세쓰 스님을 찾아가 "최근 이러한 문제가 생겨서 심신이 모두 지쳐 도무지 버티기가 힘듭니다" 하고 속마음을 토로했다. 스님도 이 문제에 관해서는 이미 신문으로 접해 알고 계신 듯했다. 내심 따뜻한 위로의 말을 기대했지만, 스님의 첫마디는 담담했다.

"힘들겠지만 어쩔 수 없습니다. 살아가다 보면 역경은 반드시 있기 마련이지요."

그리고 이어서 이렇게 말씀하셨다.

"재난을 만나면 낙담할 게 아니라 기뻐해야 합니다. 재난을 겪으면 지금까지 혼을 따라다니던 업이 사라지거든요. 그 정도의 재난으로 업이 없어지니 그보다 더 반가울 일이 있겠습니까. 이나모리 씨, 축하합니다."

이 한마디 말로 나는 충분히 구원받았다는 생각이 들었다. 세상 사람들의 비판도 '하늘이 준 시련'이라고 순순히 받아들이자 기꺼이 감내할 수 있었다. 그것은 어떠한 위로의 말과 견주어도 손색이 없는 최고의 가르침이었다. 덕분에 나는 인간이 살아가는 의미와 그 깊숙한 곳에 있는 위대한 진리까지도 배웠던 것이다.

이성과 양심으로
수양하라

'혼'이라는 말에 약간 거부감을 느끼는 사람도 있겠지만 나는 그 존재를 인정할 수밖에 없는 사례를 자주 들었고, 실제로 체험하기도 했다. 소위 '유체이탈 체험'도 그중 하나일 것이다. 질병이나 사고로 한 번 '죽은' 사람이 침대에 누워 치료를 받고 있는 자신의 모습을 위에서 바라보았다거나 신기한 세계를 문틈으로 살짝 엿보는 체험을 한 뒤에 다시 숨이 돌아오는 현상이다. 실제로 내 지인 중에도 유체이탈을 경험한 사람이 있다.

그 사람은 한밤중에 심장 발작이 일어나 쓰러져 병원으

로 실려 갔는데, 심정지 상태가 되었지만 의사들이 열의를 갖고 정성 어린 치료를 한 덕에 다시 살아났다. 그런데 깨어난 그는 놀라운 말을 했다. 쓰러졌다 다시 깨어나기까지 그는 어딘가 꽃이 흐드러지게 피어 있는 초원을 걷고 있었다고 한다. 그러자 웬일인지 맞은편에서 내가 걸어와 "자네 지금 뭘 하고 있는 거야?" 하고 물었고, 그 순간 퍼뜩 정신을 차리고 침대 위에서 소생했다는 것이다.

가까운 사람에게 이러한 체험 이야기를 듣고 나는 육체와 혼은 별개라는 사실을 또 한 번 깨우쳤다. 그가 죽음의 기로에서 본 경치는 실로 생생했다고 말했기 때문이다. 육체는 죽어 있는데 어딘가 '또 하나의 세상'에 가서 경치를 느꼈고 그 경치가 똑똑히 기억난다면 그것은 육체와 다른 곳에 혼이 존재한다는 뜻이라고, 나는 그렇게 받아들이고 있다.

'혼은 윤회전생한다'는 불교의 사고관에 따르면 우리는 업이라는 전생의 때가 잔뜩 묻은 혼을 이끌고 이 세상에 태어나, 현세에서 업을 키워가며 서서히 죽어가는 존재라고 할 수 있다. 그리고 그 내면에는 '진아'라는 순수하고 아름다우며 불성을 지닌 영원의 마음이 감춰져 있다. 진아가 그대로 발로되면 인간은 깨끗한 마음으로 좋은 생각을 품고 선한 행동만을 하는 부처와 같은 존재가 될 수 있다. 하지만 업에 감겨 있는 혼과 욕심에 찬 본능이 뒤덮고 있어 진아의 발현을 방해하기 때문에 부처가 되기 어려운 것이다.

좌선이나 요가 수행도 마음 수양을 목적으로 삼고 있는데, 그것들은 마음의 바깥쪽부터 안쪽까지 렌즈를 연마하듯이 바깥쪽 벽을 차례로 깨뜨려 나가는 시도라고 할 수 있다. 우선 가장 바깥쪽에 있는 지성을 없애고 감성에 도달한 뒤, 이 감성을 계속 연마하여 본능에 이른다. 그리고 이윽고 본능도 없어지고 마지막에는 진아가 드러날 때까지 연마해 나간다. 이렇게 철저히 내면을 향해 가는 마음의 연마가 수행 그 자체이며, '깨달음'이란 진아에 도달할 때까지 마음을 갈고닦은 상태를 뜻한다. 이렇게 진아까지 도달하면 우리는 모든 진리를 이해하고 부처의 지혜를 얻을 수 있으며, 그렇게 되면 본능과 감성에 현혹되지 않고 오직 '세상을 위해, 인류를 위해' 노력하는 삶의 방식을 실천할 수 있게 된다.

하지만 이미 말했듯이 인간은 깨달음에 다다르지 못한다. 평범한 사람이 마음을 연마해서 진아까지 도달하기란 불가능에 가깝다. 그렇다면 어떻게 해야 좋을까? 나는 이성과 양심을 사용해 감성과 본능을 억제하고, 그것들을 조절하고자 노력하는 자세가 중요하다고 믿는다.

진아와 혼에서 발하는 이성과 양심에 따라 확고한 윤리관과 도덕관을 마음에 심어라.

세상을 위해, 그리고 인류를 위해 노력하겠다는 사고방식을 갖고 탐욕을 부리지 않는 '만족할 줄 아는 삶'을 마음에 단단히 아로새겨라.

살아가는 내내 그러한 이성과 양심을 지니고 감성과 본능을 제어하며 선한 경험을 많이 쌓는 것이 곧 마음을 연마하는 일이며 저절로 깨달음에 다가가는 일이다. 그렇게 해서 고결해진 영혼은 현세뿐만이 아니라 내세에도 계속 이어진다.

이 세상에
무엇을 하러 왔는가

인간의 본질은 무엇인가? 우리는 무엇을 위해 이 세상에
태어났는가?

이 물음은 인간이 살아가는 동안 영원히 추구해야 할
과제이다. 이슬람학과 동양철학의 대가인 이즈쓰 도시히
코는 인간의 본질에 관해 이렇게 말했다.

"인간의 본질을 밝히려고 명상을 하다 보면 정묘하고
순수하며 끝없이 투명한 의식에 가까워진다. 자신이 존재
한다는 의식은 확실히 있지만 그 이상의 오감은 모두 사

라지고 마침내 스스로를 그저 '존재'라고밖에 말할 수 없는 의식 상태가 되는데, 그 의식 상태야말로 인간의 본질을 나타내는 것이 아닐까?"

이즈쓰의 이 말을 듣고 심리학자인 가와이 하야오는 "당신이라는 존재는 꽃을 연기하고 있습니까? 나라는 존재는 가와이를 연기하고 있습니다"라고 말하며 '꽃에게 대화를 걸고 싶어진다'는 우스갯소리를 했다. 대개는 꽃을 보고 '여기에 꽃이 존재한다'고 말하는데, 이것을 '존재가 꽃을 연기한다'고 말할 수 있지 않느냐는 뜻이다.

생물을 생물답게 하는 속성, 이를테면 육체와 정신, 의식과 지각 등을 걷어내면 거기에는 '존재'라고밖에 말할 수 없는 것이 나타난다. 그것을 핵으로 삼아 인간을 비롯한 생명체가 만들어지며, 그 존재의 핵은 어떤 생명이든 모두 공통된 것인데 그것이 어떨 때는 꽃의 형태를 취하고 또 어떨 때는 인간을 연기한다는 뜻이다.

그러므로 나 역시도 이나모리 가즈오라는 인간이 원래부터 존재하는 것이 아니라 어떤 존재가 우연히 이나모리 가즈오라는 인간의 형태를 취한 데 지나지 않는다는 뜻이 된다. 그렇게 이해하면 교세라와 KDDI라는 기업을 창업한 것도 특별히 나, 이나모리 가즈오일 필요는 없으며 하늘이 내린 그 역할을 우연히 내가 연기했을 뿐이다.

이처럼 모든 사람이 하늘로부터 역할을 부여받아 각자 그 역할을 연기하고 있으며, 그런 의미에서 누구에게나 존재의 무게가 같다고 할 수 있다. 2장에서 언급했듯이 모든 인간, 나아가서는 생물, 그리고 풀 한 포기, 길가의 돌멩이에 이르기까지 모든 생명과 사물이 창조주에게 역할을 부여받아서, 즉 우주의 의지에 기반해 존재하고 있다.

실제로 우주에는 '에너지 불변의 법칙'이 있다. 우주를 구성하고 있는 에너지의 총량은 형태를 바꿔도 일정하다. 나무를 베어 장작으로 만들어 불로 지피면 원래 있었던 나무라는 존재의 에너지는 열에너지와 기체에너지로 바뀔 뿐 그 에너지의 총계는 달라지지 않는다. 그렇다면 설령 돌멩이 하나라도 이 우주를 성립시키는 데 반드시 필요한 존재이며, 어떤 하찮은 것이라도 만약 결핍된다면 우주 자체가 성립하지 않는다.

:

조금이라도 깨끗한 혼이 되어
세상을 떠나기 위해

이처럼 우주에 존재하는 삼라만상은 모두 커다란 우주라는 생명의 일부이며, 결코 그 무엇 하나 우연히 생겨난 것은 없다. 아무리 하찮고 보잘것없는 것이라도 우주에 필요하기 때문에 존재한다. 그런 가운데서도 인간은 더욱 중대한 사명을 띠고 이 우주에 태어났다고 나는 믿는다. 지성과 이성은 물론, 사랑과 배려로 가득 찬 마음과 혼까지 지니고 이 지구에 태어난 인간에게는 틀림없이 '만물의 영장'으로서 매우 중요한 역할이 주어져 있다. 따라서 우리는 그 역할을 인식하고 인생에서 최선을 다해 혼을 연마해야 할 의무가 있다.

태어났을 때보다 조금이라도
깨끗한 혼이 되기 위해서 항상 정진을 거듭하라.
그것이 '인간은 무엇을 위해 태어났는가?'
라는 물음에 대한 해답이기도 하다.

열심히 일할 것, 감사하는 마음을 잊지 않을 것, 좋은 생각을 하고 올바르게 행동할 것, 반성하는 마음으로 언제나 자신을 다스릴 것, 일상생활에서 마음을 수양하고 인격을 높여나갈 것. 이렇게 당연한 일을 진심을 다해 실천하는 데 살아가는 의의가 있다. 인간으로서 가치 있는 '삶의 방식'은 이 이상 없을 것이다.

점점 더 불확실해지고 정체되는 사회 속에서 사람들은 지금, 어두운 밤길을 더듬더듬 걸어가듯이 살아가고 있다. 하지만 그래도 나는 꿈과 희망이 넘치는 밝은 미래를 그리지 않을 수 없다. 알찬 결실이 맺힌 인생을 살아가는 사회가 도래하기를 마음속 깊이 바라며 또한 반드시 실현될 것이라 믿는다.

이 책에서 말한 삶의 방식을 명심하며 살아간다면 그것이 개인이든, 혹은 가정이나 기업이든, 심지어 국가라 해도 반드시 좋은 방향으로 나아가 훌륭한 결과를 얻을 수 있을 것이기 때문이다.

먼저 나 자신이, 그리고 한 사람이라도 더 많은 사람이 각자에게 주어진 숭고한 사명을 이해하고, '인간으로서 올바른 일'을 관철해 가는 삶의 방식을 따른다면 반드시 밝게 빛나는 여명을 맞이하게 될 것이라고 나는 굳게 믿는다.

에필로그

90세 노경영자의
삶의 방식을 전하며

'어떻게 살아갈 것인가?'라는 질문이 담겨 있는 '삶의 방식'이란 말은 한 사람의 인간으로서 살아가는 방식뿐만 아니라 기업과 국가를, 나아가서는 문명 또는 인류 전체까지도 시야에 두고 있다.

집단과 조직도 결국은 모두 한 사람 한 사람의 인간 집합체이므로 그들이 이상으로 추구해야 할 '삶의 방식'에는 아무런 차이가 없기 때문이다.

좌절을 되풀이해 겪으면서도 인간으로서 더욱 잘 살아가려고 노력했던 청소년 시절, 경영을 실천하면서 사람들을 성공과 번영으로 이끌 수 있는 사고방식을 추구했던 경영자 시절, 그리고 사업의 제일선에서 물러나 신앙을 통해 인생의 의의를 사색하고 있는 현재에 이르기까지 나는 이렇게 인생을 정면에서 우직하게 마주해 왔으며 그 과정을 통해 내 나름대로 '삶의 방식'이란 것을 조금씩 확립해 나갈 수 있었다.

이 책에는 그렇게 내가 생각한 '삶의 방식'을 솔직하게 담아내려고 노력했다. 이 책의 집필을 끝마친 지금, 나는 만족감에 가득 차 있다. 나의 생각과 마음을 과하지도 모자라지도 않게 전부 쏟아냈다는 충족감에서 비롯된 것일지도 모른다.

이 책이 불확실하고 혼란한 지금의 세상에서 '어떻게 살아야 하는가'를 진지하게 모색하는 많은 이에게 읽히기를, 그리고 삶의 지침으로서 조금이나마 도움이 되기를 저자로서 간절히 바란다.

출간을 위해 선마크출판사 우에키 노부타카 사장님과 편집부의 사이토 류야 씨가 무척 애써주셨다. 게다가 교세라 집행임원이자 비서실장인 오타 요시히토, 경영연구

부 가스타니 마사시에게도 많은 도움을 받았다. 그 외에도 이 책이 나오기까지 협력해 주신 모든 분에게 진심으로 감사를 드린다.

이나모리 가즈오 稲盛和夫

옮긴이 **김윤경**

일본어 전문 번역가. 현재 출판번역 에이전시 글로하나를 꾸려 다양한 언어의 도서 리뷰 및 번역 중개 업무도 하고 있다. 역서로 『철학은 어떻게 삶의 무기가 되는가』, 『왜 일하는가』, 『왜 리더인가』, 『사장의 도리』, 『이나모리 가즈오, 그가 논어에서 배운 것들』, 『어떻게 나의 일을 찾을 것인가』(근간), 『문장 교실』, 『63일 침대맡 미술관』, 『일을 잘한다는 것』, 『초역 다빈치노트』, 『뉴타입의 시대』, 『로지컬 씽킹』, 『일이 인생을 단련한다』, 『나는 단순하게 살기로 했다』 등 60여 권이 있다.

어떻게 살아야 하는가

초판 1쇄 발행 2022년 3월 18일
초판 10쇄 발행 2024년 7월 19일

지은이 이나모리 가즈오
옮긴이 김윤경
펴낸이 김선식

부사장 김은영
콘텐츠사업본부장 임보윤
책임편집 문주연 **디자인** 윤유정 **책임마케터** 이고은
콘텐츠사업1팀장 성기병 **콘텐츠사업1팀** 윤유정, 문주연, 조은서
마케팅본부장 권장규 **마케팅2팀** 이고은, 배한진, 양지환 **채널2팀** 권오권
미디어홍보본부장 정명찬 **브랜드관리팀** 안지혜, 오수미, 김은지, 이소영
뉴미디어팀 김민정, 이지은, 홍수경, 서가을
크리에이티브팀 임유나, 변승주, 김화정, 장세진, 박장미, 박주현
지식교양팀 이수인, 염아라, 석찬미, 김혜원, 백지은
편집관리팀 조세현, 김호주, 백설희 **저작권팀** 한승빈, 이슬, 윤제희
재무관리팀 하미선, 윤이경, 김재경, 임혜정, 이슬기
인사총무팀 강미숙, 지석배, 김혜진, 황종원
제작관리팀 이소현, 김소영, 김진경, 최완규, 이지우, 박예찬
물류관리팀 김형기, 김선민, 주정훈, 김선진, 한유현, 전태연, 양문현, 이민운
외부스태프 조판 김연정

펴낸곳 다산북스 **출판등록** 2005년 12월 23일 제313-2005-00277호
주소 경기도 파주시 회동길 490
전화 02-702-1724 **팩스** 02-703-2219 **이메일** dasanbooks@dasanbooks.com
홈페이지 www.dasan.group **블로그** blog.naver.com/dasan_books
종이 한솔피앤에스 **출력 및 제본** 한영문화사 **코팅 및 후가공** 평창피앤지

ISBN 979-11-306-8120-7 (03320)